用心构筑
山区职业教育

黄坚强 李 倩 / 主编

吉林人民出版社

图书在版编目（CIP）数据

用心构筑山区职业教育 / 黄坚强，李倩主编. — 长
春：吉林人民出版社，2019.12
ISBN 978-7-206-16634-1

Ⅰ.①用… Ⅱ.①黄… ②李… Ⅲ.①中等专业学校
—教学研究 Ⅳ.①G718.3

中国版本图书馆CIP数据核字（2019）第287616号

用心构筑山区职业教育

主　　编：黄坚强　李　倩　　　封面设计：姜　龙
责任编辑：陈文杰
吉林人民出版社出版发行（长春市人民大街7548号　　邮政编码：130022）
印　　刷：北京虎彩文化传播有限公司
开　　本：787mm×1092mm　　1/16
印　　张：15.75　　　　　字　　数：260千字
标准书号：ISBN 978-7-206-16634-1
版　　次：2022年6月第1版　　印　　次：2022年6月第1次印刷
定　　价：45.00元
如发现印装质量问题，影响阅读，请与出版社联系调换。

编 委 会

（排名不分先后）

第一篇

用心研修，茁壮成长

第二篇

用心育人，爱与智慧

第三篇

用心教学，自我超越

第四篇

用心研究，引领示范

第五篇

用心示范，筑梦前行

第一篇

用心研修，茁壮成长

1

董彦旭《要做就做班主任》读书心得

佛冈县职业技术学校　黄坚强

2019年1月，在清远市工作室成员培训时，我有幸认识了这位我自认为是最有教育情怀、最值得我仰望的名师——董彦旭。之所以这样说并不只是因为董老师的知识渊博、风趣幽默、经验丰富、口才了得，更主要的是因为他所讲内容的实用、有效，有严谨的逻辑思维。董老师以其独特的魅力诠释了"名师之美，美在十名"——师志坚、师心慈、师智广、师法活、师业精、师纪严、师风正、师语美、师表端、师境雅。而作为团队负责人（工作室主持人）参加培训，令我感受最为深刻、最为相关的内容是董老师针对团队负责人的当前三问："存在知识教育错位现象，重'智'轻'德'了吗？存在素质教育缺位现象，重'教'轻'育'了吗？存在升学教育越位现象，重'分'轻'人'了吗？"是呀！董老师的"三问"令我清醒了许多，开展名教师工作室建设我们往往容易重教学轻德育，这与当前立德树人、核心素养培养的教育大环境趋势是不大相符的，董老师的"三问"明确告诉我们要做一名教育与教学并重的有理想信念、有道德情操、有扎实学识、有仁爱之心的"四有"好老师。在培训结束时，我还有幸得到了董老师亲笔签名的著作——《要做就做班主任》。

回到家带着培训的余温翻开了这本主题很"牛"的书，看着看着，真的被作者那富有诗意的文笔和才华折服，被他做班主任的细腻感动，被他的智慧牵动，更重要的是书中的很多教育案例能说到我们做班主任的心坎上，也能帮助我们对一些困惑和抱怨释怀，从中得到抚慰和鼓励。书中引用的名言、名句、名典故也很贴切，很吸引人。说句实在话，近年来看的书也不少，但多数是为了完成任务或寻找资料才"逼上梁山"看的。而这次却能让我早早地安靠在床头上看书，原因是书中魅力无穷。全书详细地分析了为什么从事教育事业应有争当班主任的志向，班主任工作的价值在哪里？如何做一个幸福、快乐的班主任？既有班主任工作的具体方法，又有班主任自身的精神修炼之法……

书中第一章董老师以其艰辛、励志的成长经历，启发我们做一个不忘初心的班主任，沿着有梦、寻梦、追梦、圆梦、筑梦的路径追求成为一个有进取精神的卓越班主任。是啊！刚开始做班主任时很多教师都是满怀激情的，为什么做着做着激情就烟消云散了呢？甚至厌倦了这份育人职业，忘掉了初心。书中给出的答案是"卓越班主任与普通班主任的差别在哪里？差别就在于普通班主任缺少强烈的进取精神。"没有进取精神也就没有了梦，没有了继续前进的原动力。

书中第二章勉励我们做一个仰望幸福的班主任，董老师写道"幸福始于心态、源于满足、成于奋斗、工于智慧、融于行动"，还教会我们把握幸福的23条定律。登过三尺讲台的人都知道班主任只有苦和累，哪有什么幸福可言啊！自己从企业怀着教育幸福梦来到佛冈县职业技术学校成为一名中职教师至今，一直在做班主任或班主任管理工作。做班主任这些年来，头发变白了，皱纹变多了，脾气变差了。种种迹象表明：班主任不是那么好当的！特别是学生基础薄弱、男女学生两极分化的中职班主任就更难当了。董老师用自己的亲身经历告诉了我答案：把学生当天使、在奋斗中感受学生的"被需要"、在教育学生的光阴中发现幸福、用行动赢取学生真心，感受幸福、学会减压、善待自己、让别人幸福。这些事情看起来很简单，但是真正实施起来又谈何容易，但幸福梦永远在路上。

班主任工作需起早贪黑，事无巨细，班主任常常会埋怨班级工作的烦琐和复杂，特别是在信息时代背景下，收集整理资料更是增加了班主任的工作量。因此，班主任常常感慨工作的不值，试问：有多少老师愿意做班主任？书中董老师写道"教育每天都充满悬念"！他期待着每一天的悬念，进而研究，解决不期而遇的悬念，并享受解开悬念后的喜悦，然后又期待着下一个悬念……如此周而复始，这便是教育过程的魅力所在，也是教师成长的奥秘所在。他把班主任工作中无法预料的麻烦看成教育的魅力，成长的必须，这是何等境界呀！如果说过去我还对自己的付出和得到感到不值的话，那么当我怀着感受教育魅力的心态开展工作时，我觉得一切的麻烦就变成一种乐趣和挑战了。

还记得2006年当我怀揣着教育梦由一名商界精英转型为一名中职教师时，学校"委以重任"——中途接任2006春季机械班的班主任，面对一群气得英语老师直哭、连老教师都想打，甚至把尿洒在同学床上的学生，我不知在心里抱怨过多少回，为什么非得让我来做这个班的班主任？因为这个班的难管理程度是空前的，任课老师用辞职来推辞不上这个班的课，由校长兼任副班主任，管理难度可想而知。接班后，学生给我带来的麻烦真是从未间断过，但我坚信苏霍姆林斯基说过的"每个人都有一颗成为好人的心"，坚信每个学生无论多么调皮捣蛋，只要他们是有血有肉的人，他们都会有一颗成为好人的心，成不了才也能成人。面对重任，我乐于挑战，坚定不移走"与学生做朋友"的育人路线。通过多种渠道端正他们的人生目标，用自己的技能特长和辛勤付出赢得他们的尊重，用自己的模范行为端正他们的三观，为学生提供父母式的关爱，学生患病就医了，昼夜相陪；学生打球受伤了，亲自为学生搽药油。经过两年多的不懈努力，成功地把该班逆转成"先进班集体"。我在与学生斗智斗勇的班级管理中，也感受到了师生共同成长的喜悦。如果说，班级的进步带来的更多是荣誉和欣慰，那么注重情感投入与学生成为朋友，学生走出校门踏入社会，成家立业后，还时常收到学生的祝福和问候，才真正让我感受到了教育的魅力和做一名班主任的幸福感。

著名的黎巴嫩诗人纪伯伦在他的诗中这么写道：生活是黑暗的，除非有了渴望；所有渴望都是盲目的，除非有了知识；一切知识都是徒然的，除非有了工作；所有工作都是空虚的，除非有了爱。经过多年的磨砺，除了见证了自己的成长，也在学生的身上得到一次次的感动和温暖，让我深深地感受到从事教育工作的幸福感，做班主任的快乐。

在读董老师著作的过程中，我还有一个深刻的感受，那就是董老师对古今中外教育名家名言的引用简直是如数家珍、随手拈来，如国外名家苏霍姆林斯基、赫胥黎，国内名家陶行知、朱永新等。我想，董老师之所以能在文章中这样自然地引经据典，娓娓道来，正是他博览群书、长期积累的结果。这些也正是最值得我们学习的地方。受到《要做就做班主任》这本书中内容的熏陶，我还会继续读他写的《课堂教学心主张》《教育的诗心守望》《心灵互动的德育》等著作，并建议学校购买此书发给学校全体教师阅读。书看完了，留给我更多的是思考和践行。董老师从事的是普教，我从事的是职教，拿来主义肯定是行不通的，所以要活学活用，学习他的教育理念、方式方法、逻辑思维……

作为新时代的人民教师，我们应该像董老师深情表达的那样：做教育，要做就做班主任！班主任工作不难。班主任工作是一个教师实现个人生命价值的最好途径！在平凡的班主任岗位上，只要我们不忘初心、仰望幸福、注意细节、反思内省、交友乐群、童心未泯、包容豁达、仰望名家、心灵宁静、乐于挑战、高效沟通，也能努力成为一个有诗、有远方的班主任，也能在平凡的岗位上获得源源不断的幸福感，为教育事业涂抹上最亮丽的色彩！希望有一天，我也可以说：做班主任，让我的生活如此幸福！

（2019年3月25日）

《中等职业学校校长专业标准》读书心得

佛冈县职业技术学校　　李倩

再一次，潜心阅读了《中等职业学校校长专业标准》；再一次，深刻体味了"一个好校长可以成就一所好学校"的经典内涵。知道一名校长应具备"以德为先、育人为本、引领发展、能力为重、终身学习"的基本理念，并且要明确学校办学定位，熟悉国家的法律法规，更要担负起引领学校和教师发展，促进学生全面发展的重任。要想成为一名优秀的中职学校的校长，我认为应该努力做到以下几点。

一、精心规划学校的发展

常言道：凡事预则立，不预则废。对于学校也是如此，作为一名校长应该全身心投入，精心规划学校的发展，因此，校长要熟悉国家的法律、法规、教育方针政策，把握国内外中职学校改革、国家和本地区经济和社会发展的基本趋势。了解自己的学校，正确定位自己的学校，凝聚集体的智慧，组织主管部门、行业先锋、校企合作单位、社区、家长共同建立学校发展的目标，团结师生，结合本校实际提炼出办学理念，制订出学校的中长期发展规划，并落实发展规划，不断调整和完善，使学校按照规划一步一步地向前发展。

二、创新育人文化

"育人德为首。"作为校长应该广泛涉猎自然科学与人文社会科学知识，使自身具有良好的艺术修养和相应的艺术欣赏与表现知识。了解校园文化建设的基本理论，掌握促进优秀文化、企业文化融入学校教育的方法和途径。把德育工作摆在素质教育的首要位置，重视学校文化潜移默化的教育功能。积极组织师生绿化、美化校园环境，创新营造人文氛围，建设优良的校风、教风、学风，创新设计体现学校特点和教育理念的校训、校歌、校徽、校标。精心设计和组织艺术节、技能节等校园文化活动，充分利用好重大节日、传统节日等有特殊意义的日子开展主题教育活动，积极建设绿色健康的校园信息网络，向师生推荐优秀的精神文化作品和先进模范人物，凝聚学校文化建设力量，发挥教师、学生、企业及社团的主体作用，为开展共青团、学生社团、班集体活动提供必要条件，保证活动时间。

三、领导课程教学和改革

不能把课程教学只看成是教师的事，作为校长要起到领导课程教学的作用。新课程改革在课程的总体设计框架内既充分体现了国家对未来人才的要求，又积极鼓励校长引导教师对课程教材进行开发，因此，校长要了解课程编制、课程开发与实施、课程评价的相关知识和教材、推动校本课程的开发与实施，为教师提供丰富多彩的课程教学资源，坚持面向全体学生，因材施教，突出技能教学，全面提高教育教学质量，尊重教育教学规律，注重培养学生的责任意识、创新精神和实践能力，尊重教师的教学经验和智慧，积极推进教学改革与创新。

教学改革要求教师要将社会主义核心价值体系融入教育教学全过程，把立德树人作为职业教育的根本任务，树立人人皆可成才的职业教育观，践行职业教育面向人人的理念。可以说《中等职业学校校长专业标准》很好地契合了现代职业教育在培养专业能力的同时促进人的全面发展的根本目的，充分彰显了以人为本的时代特征。

课程教学和改革突出"双师型"素质要求。针对职业学校教师"双师型"素质评定缺乏标准的问题，充分体现职业教育教师与普通教育教师的区别，突出职业教育教师专业理论与职业实践相结合、职业教育理论与职业教育实践相结合的特征，《中等职业学校校长专业标准》要求职业教育教师既具备普通教育教师的职业素质，又要具备相应行业人员的职业素质，能够实施理论教学与技能训练，指导学生实习实训，身体力行"做中教，做中学"。

四、引领教师专业成长

专业理念与师德包括职业理解与认识、对学生的态度与行为、教育教学态

度与行为、个人修养与行为四个领域。理念与师德是对教师最基本、最重要的
要求，很大程度上影响着教师如何理解职业和职业教育工作，如何对待中职学
校学生，以及如何在职业和教育领域获得成长和发展。

专业知识包括教育知识、职业背景知识、课程教学知识、通识知识四个
领域。我们可以认为，职业教育对于教师所应具备的知识是全面的、多样的，
更是与职业和实践密切相关的。《中等职业学校校长专业标准》要求中职学校
专业课教师和实习指导教师要具有企事业单位工作经历或实践经验并达到一定
的职业技能水平；参与职业实践活动，了解产业发展、行业需求和职业岗位变
化，不断跟进技术进步和工艺更新；为企业提供技术支持、员工培训、业务咨
询等社会服务；通过参加专业培训和企业实践等多种途径，不断提高自身专业
素质。

理论与实践相结合是职业教育的生命力所在。《中等职业学校校长专业
标准》要求教师要运用讲练结合、工学结合等多种理论与实践相结合的方式方
法，有效实施教学；掌握组织学生进行校内外实训实习的方法，安排好实训实
习计划，保证实训实习效果。职业教育的教学和育人万万不能脱离实践，只有
把专业理论与职业实践相结合、职业教育理论与职业教育实践相结合，职业教
育的特色才能得到充分体现，职业教育才具有真正的灵魂。

五、制度化优化内部管理

一所学校，校长是管理的核心人物，而学校管理又是一项十分复杂的系
统工作，因此，优化学校的内部管理显得尤为重要。要想优化内部管理，校长
应该掌握学校管理的基本理论与方法，了解国内外学校管理的变化趋势，熟悉
学校人事、财务、资产、后勤、校园网络、安全保卫与卫生健康等管理实务，
坚持依法治校、以德立校，实行民主管理和科学管理，建立健全学校人事、财
务、资产管理等规章制度及学校各种应急管理机制，加强学校领导班子队伍建
设，注重教职工队伍的培训，不断提高教职工的思想素质和专业水平，坚持教
书育人、管理育人、服务育人。

六、内外兼顾、合作共赢

一所学校面临着很多外部环境，如企业、家长、社会、媒体、政府等，会

经常遇到这样那样的问题，因此，作为校长应当掌握学校公共关系及家校合作的理论与方法，了解所在企业、社区、学生家庭的基本情况，熟悉各级各类社会公共服务机构的教育功能，坚持把合作共赢作为学校对外关系的准则，努力争取社会的教育资源，充分发挥合作企业、家长委员会的积极作用，建立健全企业共建、家校合作育人机制、教师家访制度等，努力做到科学育人，积极发挥学校在社会建设中的作用，组织学校师生积极参与服务社会的有益活动。

通过学习，我深刻明白了《中等职业学校校长专业标准》是校长专业发展的重要指南，是校长队伍建设的基本准则，是提高校长队伍整体素质的重要保障。今后，我还要继续深入地学习、理解，并将领悟到的心得应用于自己的实践当中，时刻以《中等职业学校校长专业标准》为目标，争取做一个德才兼备的中职学校校长。

（2016年1月10日）

学习董彦旭名师讲座的心得

佛冈县职业技术学校　招翠娇

最近学习了董彦旭名师的《以名师工作室为载体，发出中国教育粤声音》和《名师工作室顶层设计策略》的专题报告。董彦旭校长不愧为一代名师，他的讲座内容精彩实用，让我们的心灵受到极大的震撼，为我们的名师工作室建设思想指明了方向。

在董校长的报告中，给我印象最深刻的是关于董校长对名师之美的诠释。董校长以自身成长和工作实践的经历、生动鲜活的教学案例、耐人寻味的故事和真实直观的案例为到会教师深刻诠释了"名师之美，美在十名"——师志坚、师心慈、师智广、师法活、师业精、师纪严、师风正、师语美、师表端、师境雅。

名师之美在"师志坚"。为师不能小了时代、窄了格局、弱了思想。脑子里永远有智慧，眼睛里永远有学生，肩膀上永远有责任，内心里永远有激情。做自己想做的事，坚持自己的理想，浑身是正能量，不随波逐流。

名师之美在"师心慈"。要有三情——对学生情真、对教育情长、对事业情深。对事业爱，才能干长久；对教育爱，才能干得好；对学生爱，才能干得快乐。只有拥有慈悲之心，才能对什么样的学生都能感同身受，为学生着想。没有爱是干不成教育事业的。

名师之美在"师智广"。我们要常动脑想办法，定好自己的位置，经常记录自己的所思所得，量变变质变，把自己的想法多实践。智慧是可以通过"动脑子，有法子，定位子，写本子，迈步子"来增长的。

名师之美在"师法活"。通过"知"，获得"真"，从而"通"。教无定法，但也要遵循"三讲三不讲"原则。教学方法要根据学生的情况，教学的条件来选用。

名师之美在"师业精"。通过三问自省，理解自己，理解学生，理解领导，理解学校，理解家长，提高自己的业务水平。做到认识问题，担难不怯，有心若止水的定力；发现问题，担责不推，有厚积薄发的功力；直面问题，担事不躲，有坚忍不拔的毅力；解决问题，担责不畏，有持之以恒的努力。

名师之美在"师法活"。通过"知"，获得"真"，从而"通"。教无定法，但也要遵循"三讲三不讲"原则。教学方法要根据学生的情况，教学的条件来选用。

名师之美在"师纪严"。做老师一切在法治下从教，做到"八个不"：不辍不止、不拿不要、不怠不懈、不嫌不弃。

名师之美在"师风正"。工作时做到"五多五少"：多露笑脸，少皱眉头；多说我们，少说你们；多走过去，少叫过来；多竖拇指，少竖食指；多教方法，少去指责。心胸开阔，坦诚待人，关心学生，作风正派，谨言慎行，率先垂范，这样师风正了，说话才有说服力，师表才有影响力，举止才有感召力。

名师之美在"师语美"。董校长教我们台上台下要讲不同的话，让我获益良多。讲台上要说"官话"，讲台下要说"人话"；讲台上要说"假"话，讲台下要说"真"话；讲台上要说"硬话"，讲台下要说"软话"；讲台上要"拐弯说"，讲台下要"照直说"；讲台上要"暗说"，讲台下要"明说"；讲台上要激情召唤，讲台下要使人惊醒；讲台上不揉沙，讲台下要容错。台上台下要讲不同的话，道出了作为老师的"为难"和"不易"，特别是班主任相当于学校和学生的夹心饼，讲话的分寸，一个把握不好就容易出现学生不服你，学校为难你的局面。

名师之美在"师表端"。做老师对自己、对学生、对工作不能太随意，要端好样子。教育要严肃样，工作要忙碌样，讲课要专家样，归途要开心样，说话要幽默样，监考要认真样，家访要忧虑样，就餐要节约样，外表要端庄样，总结要鼓舞样。做个"百变星君"。

名师之美在"师境雅"。我认为董校长讲的教育的最高境界"让人亲，使人美，惹人醉，令人迷"也是我们做老师的最高境界。不是人人都有爱一行干一行的福气，也不是人人都有干一行爱一行的灵气，大多都是干一行怨一行，怨一行躲一行。做老师无须桃李满天下，问心无愧就行了。

名师不愧是名师，做老师已是不易，做名师更是艰难，我真心佩服董校长的同时，也惭愧于自身的渺小。通过董校长关于"名师十美"的诠释，我认识到自己身为老师的不足与差距，更多的是学习到了该怎样去做一名优秀的老师。"名师十美"值得我一辈子去追求。在名师的路上，我一直在仰望。

（2019年1月17日）

《教师如何做课题》读书心得

佛冈县职业技术学校　　招翠娇

　　最近拜读了李冲锋教授编写的《教师如何做课题》一书，受益良多。在读书之前，我以参与者的身份做过一个市级课题和一个省级小课题，都是跟着课题负责人的步伐走的，对如何做课题只是有一点点浅薄的经验。《教师如何做课题》一书对如何做课题进行了全方位的诠释，从课题研究的价值、如何选择课题、如何进行课题设计、如何成功申报课题、如何做好开题论证、如何实施课题研究、如何面对中期检查、如何撰写结题报告、如何推广课题成果等方面入手，条分缕析地做出了实战指导与疑难解析，让我对如何做课题有了更深刻、更清晰的认识。

　　教师专业发展对教师科研能力提出了新的要求，教师成为研究者已经由写教学反思、教学随笔、教学论文，进入到课题研究的阶段。可以说还不会做课题、不懂得做课题的教师处境是相当不妙的。下面我谈谈读《教师如何做课题》后自己的体会。

　　在做课题之前首先要正确认识课题。有些教师认为自己教书教得好，管学生管得好就可以，难道没有课题就可以否定我的成绩了吗？有些教师也认为做课题纯属形式主义，一些教师是为做课题而做课题，没有实际意义；也有些教师认为做课题很难很复杂，我文笔不行，做不来。这些都是对课题的误解。其实真正的课题是源于我们自己的教学，是对自己平时教学经验更深层次的提炼。我们作为教师教了那么长时间的书，身上或多或少都积累了一些"财富"，只是我们还没有学会把它"搜刮"出来。而做课题就可以帮我们把这些"财富""搜刮"出来。课题人人都能做，课题倡导的是用自己的语言写出自己想写的东西，自身真实的教学事件、教学心得，无须做作，以我手写我心。我相信那些真正教学教得好、把学生管得好的教师做起课题来肯定是游刃有余的，因为他们身上有很多好的经验、好的想法，这些都是他们实实在在的东西啊。那么什么是课题，其实问题即课题，我们在教学中遇到问题了，通过反思学习交流，找到方法，并解决它，这就是课题。我们认为课题难是因为我们平时没有养成反思的习惯，如果养成了反思的习惯，不但不会觉得课题难，还会觉得课题有很多。做课题关键是要做好实施方案，按照实施方案一步步去做，平时注重过程资料的收集，到结题时再把资料整理一下就可以了，过程即结果，我们的成长即成果，一个课题就是这样做出来的。

那么如何做课题呢？书中有详细的讲解，在这里我简单讲讲自己对做课题的一些粗浅的理解。

首先，明确任务，选好课题。要先明确自己遇到什么问题，问题是什么。在教育教学中不可能没有问题，我们根据自己的实际情况，从众多问题中选一个实用的、新颖的、可行的、科学的来进行研究。选择的问题即课题大小要适度，以小见大。研究的问题要明确，要清楚要解决什么问题。

其次，课题立项，做好实施方案。确定好问题后，要自己先对问题进行剖析，讲明问题的背景，为什么会出现这样的问题，自己将运用什么方法或者采取什么措施来解决，对问题的结果进行一个预判，解决后将会有哪些成果，有什么意义，这些都要在实施方案中有所说明。个人认为实施方案是进行课题研究最重要的一环，是课题的头，可以说实施方案做好了，那么做课题就胸有成竹，事半功倍了。

再次，注重过程，完善资料的收集。有了好的开头，"躯干"就必须在过程中进行"丰满"。把解决问题的过程一一记录，资料一一收集，那么到结题的时候就不需要加班加点，绞尽脑汁整理资料了。

最后，重视成果的推广，实现资源共享。"一花独放不是春，百花齐放春满园。"既然已经把问题解决了，我们不妨走出去，多分享交流，给同行一个借鉴或寻求更好的解决方法，看看自己研究的东西是否有价值、是否经得起考验。

做课题研究不容易，要花费很大的精力，也会占用个人的时间，我们要有打硬仗的准备，没有什么是不付出努力就能有回报的。我们在做课题的时候也要发挥好团队的力量，做出高质量、高效率的研究课题。

（2019年1月30日）

金林祥《陶行知教育名著》读书心得

佛冈县职业技术学校　陆奕俊

陶行知这个伟大教育家的名字，还是当时读师范的时候，学习《教育学》时了解到的。但那时对陶行知先生的教育思想理解得还不是很透彻。自从我拜读了《陶行知教育名著》，才真正认识和了解了我国的大教育家——陶行知先生。他的教育理念，让我对教育有了更多的认识和反思。

"没有爱，就没有教育。"苏联教育家马卡连柯这句话道出了陶行知教育的真谛。作为一名伟大的人民教育家、教育思想家，陶行知先生以睿智的眼光、博大的胸怀，倡导并实践了爱的教育，他爱教育，爱学校，爱学生，称学生和学校为"爱人"，令人耳目一新，也给我很大的启示。

在书中陶先生批评现在的学校："论起名字来，居然是学校；讲起实在来，却又像教校。这都是因为重教太过，所以不知不觉地就将教和学分离了。"陶先生提出："然而教学两者，实在是不能分离的，实在是应当合一的。"现在的新课程思想，不正是从重教到重学的思想吗？"传统"的教学，主要是看老师教得如何，而忽视了学生学得如何，学生真正学到的知识是否有用。评价一堂课，也主要是去评价老师在这节课中表演得多么的精彩，学生迎合得多么好，而缺少了教育真正的内涵，陶先生早在八九十年前，就深刻地提出了"老师的责任在于教学生学，教的法子必须根据学的法子"。这才是我们教育的真传统！现在的新课改，其实就是回归传统、回归教育的真传统。这不由得使我想起这些年来，教育上不断提出新思维、新口号、新观念，不断地在搞着仿佛是在打破"传统"的改革。一会儿素质教育，一会儿新课程，一会儿创造性学习，一会儿探究性学习，把我们的一线教师弄得晕头转向，无所适从了。教无定法，贵在得法，只有教育少些套路，多注重些学生的全方面发展，才是真正有意义的教育。

我们所说的传统，有优秀与糟粕之分。优秀的传统，是经得起时间考验的真理，是需要我们永远继承的。不但要继承，还要在传统的基础上，随着时代的变迁、事物的发展变化而不断将其发扬、拓展、光大。比如孔子的"因材施教""有教无类""温故知新"，陶先生的"教学做合一""生活教育"，等等。至于传统中之糟粕，这就是改革的目标。我们的改革，要不怕失败，要在教育家的教育理念框架上进行改，这样才能行之有效。

陶行知先生谈道："学校里的先生叫做教员，他所做的整体为教书，他所用的法子为教法，好像先生是专门教学些书本知识的人。他似乎除了教书以外，便没有别的本领，除书以外，就没有别的事教。而在这种学校里的学生除了受教之外，也没有别的功课。"这就是我前面提到的传统中的糟粕，也就是习惯势力。习惯势力虽然恶劣，阻人进步、碍事发展，但它真是强大得很，难以根除。你看陶先生所讲之现象，八九十年前是这样，八九十年后的今天，仍然是这样：学校里的一些先生，我们叫他们教书匠，他们在学校里所做之事，就是教书。他们全然不管学生怎么学，他们只管自己怎么教，我们怎么教，学生就怎么学。除了教那本教材上的知识之外，便没有其他可教，学生便没有了其他可学的内容。先生们不准学生看课外书，不给学生动手实践的机会，学校不给学生接触自然、走近生活的自由，学生除了一心只读教科书、一切只为考高分外，便没有了其他。教师除了教课本知识，就没有或很少教给学生做人处事和生活的道理。教师，这本"活"的教科书的作用没有体现出来。学生们从教师身上学到了什么？

"在我的教育里，小孩和青年是最大，比什么伟人还大。"陶行知先生这样尊重学生。作为教师，对学生的爱首先体现在要尊重学生，尊重学生的人格和个性上。师生在人格上是平等的，教师不能凭个人好恶而好恶之、而褒贬之，绝不能伤害学生的自尊心，把"差生"视为"朽木"。有的教师口诛之余，施以体罚，更是辱人之举。任何一种体罚都使学生肉体痛苦，它不仅于事无补，反让学生精神倍受刺激，以致他们会摔破罐，撑破船。陶行知先生最反对体罚，他准确地说明了体罚的危害："体罚是权威制度的残余，在时代的意义上说它已成为死去的东西，它非但不足以使儿童改善行为，相反地，它是将儿童挤下黑暗的深渊。"罚非爱，害也。首先，作为现代学校的教师，我们要记住陶行知先生的话："我们奋斗的工具是爱力不是武力。"动武，意味着教师自身的失职。其次，陶行知先生对学生的爱还表现在对学生学习、思想、生活上全面关心爱护。即父母想到的，教师想到了，父母未想到的，教师也想到了。当然，爱不是放纵，爱里有严，爱里有教育，陶行知先生为学生竭力改善生活条件时，又嘱之以俭朴为美德，绝不可浪费，特别是看到学生出现了不良生活和思想倾向时，就及时送上关怀与指导，这样学生在承受师爱的过程中就可以找到前进的路。作为现代的教师更应如此。

陶行知先生的理论给我的启示还有很多，我会在今后的教学工作中尽最大的努力去践行陶先生等先辈的指引，从而让自己更好地完成教师的责任。

（2019年3月21日）

《今天我们应怎样进行教学反思》读书心得

佛冈县职业技术学校　陈焕彩

　　我利用寒假时间阅读了名师工程教研提升系列中的张文质、刘永席主编的《今天我们应怎样进行教学反思》。文中从教学理念、当前教学现象、教学效果和教学艺术四方面的反思进行阐述，指导我们如何做一个有思想的、务实的、高效的、有智慧的教师。在大量的实例面前，我深有感触，以下谈谈我印象最深刻的地方。

　　文中提到的小学校本教研中几种现象：教研选题"偏"、自我反思"浅"、同伴互助"假"、专业引领"虚"。不要说小学，就是我们的中职校本教研中，同样的现象也存在。在校本教研中，很多时候少了教师间的敞开心扉的交谈和真诚的批评指正，多了虚伪的赞扬、你好我好他也好。教而不研则浅，为了让校本教研真正有实效性，我们作为教研者，必须树立真正的教研观、共享经验。专业的引领是理论和实践结合点上、操作层面上的引领，教师要读书，善于研究，也是一种引领，它提升我们的思想和理念，但研而不教则空，善研者才善教。我们要真真正正将教和研结合，深刻反思，使校本教研真正起到一个引领的作用。

　　一个优秀的教师应该让学生每天都带着一些有思考价值的问题离开课堂，带着一些仍需要进一步钻研的问题走出课堂，使他们的学习兴趣得以长期保持。胡元华老师写的《备课，请带奥康剃须刀》非常切中现实，对我们备课很有启发。我们教学的对象是中职生，他们基础相对较薄弱，理论学习兴趣不大，但也得够用才行，所以我们课堂教学除了考虑学科特点外，更应注重学生特点，以生为本，讲课注重简洁实效，更注重从实操中提升其专业知识。针对这些，我们必须充分深入思考，花大精力研读教材，创造一套可行可变的教学手段，从而简简单单教书，又不能死教书。任卫兵老师则认为生成的背后是一个人一生的积淀，是一个人一辈子的坚持，更是一个人永不停滞的努力。这句话深深印刻在我的脑海中，作为一名教师心中要有"化理论为实践"的责任意识、要有海纳百川的开放心态、要坚持自己的职业操守，坚持不断地教和研、不断地创新，实实在在教书育人，那么就会成长为一位名师。

书中多次提到的是做务实的教师，摈弃课堂教学中的伪互动、走过场，对我们来说，也是有着很深刻的现实意义的。作为一名一线教师，除了务实、备好课外，还必须注重教学效果，注重课后反思，善于和学生打交道，做一名有智慧的教师。

（2019年3月25日）

《优秀是教出来的》读书心得

佛冈县职业技术学校　黄泽棠

几个月前，一位同事向我推荐了一本书，书名叫《优秀是教出来的》。趁着暑假有空，我拜读了这本书。读完后不得不佩服作者对事业执着追求的精神。

俗话说："没有教不好的学生，只有不会教的老师"，好学生要靠老师的激励、引导、督促教育才能成功。作者克拉克先生从细微处着手，通过对55个教育细节的处理，创造了教育奇迹。

作为成功的教育者，作者在书中并没有谈及如何教书、如何分析教材、如何准备教案，而更像是在谈论如何为人处事、待人接物。通过一个个生动形象的例子，让读者感觉作者所描述的就在我们身边。书中讲述的创造奇迹的55个细节确实常常被人们忽略，而正是这些细节创造了奇迹，成就了辉煌。书中提倡对孩子要从小在平时的一点一滴、一举一动中体现出尊重孩子、宽容孩子、赏识孩子，并了解孩子的内心世界，让孩子从生活中学习，从鼓励中学会自信、从宽容中学会耐心、从赞美中学会感激、从接纳中学会自爱、从赏识中学会行动、从分享中学会感激、从诚实中学会真理、从公平中学会正义、从关心中学会尊重、从保护中学会信任、从关爱中学会友善……

让绝大多数的老师感到比较头疼的就是如何处理后进生的问题，比较听话的还好，虽然学习任务完成质量不是很高，但至少作业还是基本能完成的，而对于作业经常拖拉不做的，我们一般采取的方法是一方面联系家长，让家长积极配合学校的工作，另一方面就是找后进生谈话，刚开始还是能收到一定的效果的，但久而久之，家长听惯了孩子在学校的"不好表现"，也会对孩子失去信心，而孩子则会认为自己在老师的眼里就是一个差生，就更不想学习了。

作者克拉克也碰到了这样的情况：他的一个"问题"学生已经很多天没有交作业了，他马上想到了和他的家长联系，但都没能联系成功。有一次总算联系到了，他就把这个学生很长时间没交作业的事直截了当地告诉了这位学生的家长，想得到这位家长的支持。没有想到的是这个家长听完了他的述说竟然说："我孩子在家里也一向如此，你就将就一下吧。"这个回答真是让克拉克哭笑不得。也许是克拉克自己认识到了自己和家长的交流方式有待改善，所以在另外一个学生犯错误的时候，他改变了策略。他首先是耐着性子给这个家长拨通了电话，但与第一个学生的处理方法不同的是他没有直接向这位家长"告状"，而是向这位家长违心地说他的孩子这段时间表现得如何如何好，这位家长听了以后自然非常高兴，表示要老师对他的孩子一定继续严格要求，家长会极力配合。过了两天，克拉克再次拨通这位家长的电话，这一次向这位家长陈述了学生这两天的不好的表现，家长当然非常气愤，当即表态，积极配合老师的工作，回家一定批评教育自己的孩子。读完克拉克的处理方法，真是佩服他的别具匠心。回想自己平时的教育方式，也是把孩子的不好表现直截了当地告诉家长，而孩子表现好的方面就很少会告诉家长了。

还记得去年任教17春机电班时，我也碰到过类似的学生，打电话给家长告诉她孩子经常迟到，上课玩手机，家长直接跟我说："我管不了他，我都放弃他了，老师你也别管他了。"后来再打电话她就再也没接过。如果那时我也像克拉克先生一样，先让家长了解孩子优秀的一面，也许结果就不一样了。

事在人为，同样一件事情，不同的处理方法会有不同的结果。优秀是教出来的，我们要给学生营造一个相互尊重、相互信任、相互支持的氛围，唤起他们的学习激情，让他们享受学习的快乐和成功。通过大家的共同努力，相信我们的学生会更优秀。

（2018年8月20日）

李镇西《做最好的老师》读书心得

英德市职业技术学校　邓导平

利用寒假时间，我读了李镇西老师写的《做最好的老师》一书，使我受益匪浅，让我感受到这位教育家的睿智与虔诚，博爱与伟大，心里很有感触，这感触来源于我在专业学科部管理学生工作时发生的一件事，很是深刻。

2016年上半年学期中段，放学时间，我正在办公室值班，一年级李炫同学（化名）拿着手机气冲冲地从我办公室门口走过，口气很不好，满口脏话，没过多久便把手机往地上一摔，径直走向课室，通过了解，原因是他在玩游戏时，他父亲的一个电话把他扰乱了，他是在冲他父亲发脾气，此时这位父亲还在医院看病……如此小的事情竟让他做出这样的行为，可见李炫同学平时根本就没有自我认识，自我教育的意识，更谈不上关爱父母，尊重父母，尊重他人，对自己的行为也缺少自控和约束。

回想起此事，结合对《做最好的老师》的阅读，我觉得培养中职学生的自我教育和学会关爱他人显得尤为重要。我之所以把这两方面结合起来，是因为现在的中职学生，很大一部分是独生子女，在家里是掌上明珠，不仅得到父母的关爱，一大家子人都围着他们团团转，过着衣来伸手、饭来张口的日子。由于受到这种家庭环境的影响，他们往往失去自我认识、自我教育的能力，只懂得接受关爱，却不懂得如何去关爱和尊重他人。

一、培养学生的自我教育能力

自我教育是学生自我认识、自我要求、自我调控和自我评价的过程，是学生在受教育的过程中自觉主动地把社会、学校和家庭要求的思想道德规范在内心加以理解和体验，并通过实践转化为自己比较稳定的自觉行为能力的体现。中职生年龄小，文化知识薄弱，社会经验不足，缺乏自我教育能力，由此引发了学生自我控制能力差、行为缺少约束力等自我教育能力偏低所导致的问题，中职教育需要培养学生专业能力和社会所需要的各方面能力，特别是在专业教育课程改革中倡导自主、合作、探究的学习方式状态下，对于中职生的自我教育能力提出了更高的要求。因此，作为一名教师，要把培养学生的自我教育能力，作为教书育人的出发点和着力点，培养学生自我认识能力、自我评价能力、自我控制能力等，让学生逐步形成良好的思想道德品质和综合素养。

培养学生的自我教育能力，首先是教育学生能正确认识自己，评价自己。只有充分认识自己，才能教育自己。学生有正确的自我认识，才会对自己提出正确的要求，有正确的自我认识，才会做出正确的行为。培养学生的自我认识能力，就是要让学生全面、客观、发展地认识自己，让学生不仅看到自己的缺点、弱点，而且让学生能充分认识到自己的思想、品质、智能、才干等方面的表现，从而激发他的尊严感、自豪感、责任感。培养学生的自我认识能力、自我评价能力。一是要让学生在自我表现中认识自己。建立积极的自我认识，尽可能提供给学生表现的机会，让学生在表现机会中不断发现、肯定，并欣赏自我。二是要让学生在比较评价中认识自我。有正确的比较，才有正确的认识，通过与其他学生的比较，才能明白自己有什么不足，存在什么差距，有他人的评价，才能知道自己的优点和缺点，通过比较和评价，能让学生全面、客观地了解自己的优缺点，在此基础上，学别人之所长，补自己之所短，不断提高自身的素质和品质。

培养学生的自我教育能力，还要引导学生乐于并善于自己控制自己（李炫同学的表现就是自我控制能力差、行为缺少约束力），自己战胜自己，要让学生懂得，自己所做的一切，首先是面对自己的心灵，自己就是自己行为的审判官，对自己的约束力量，不仅仅来自纪律，更主要的是自己的意志、义务和良心，如果做错了一件事情，首先想到的是对不起自己，要让学生养成"吾日三省吾身"，随时自己批评自己、自己鼓励自己的习惯。培养学生的自我控制能力，可以从以下两方面入手。一是通过用榜样的力量增强学生自我控制能力。以某个人为榜样，就是领会运用某个人的立场、观点、方法，把榜样人物同主观自我高度融合，在具体问题面前，运用榜样人物的立场、观点、方法来认识问题、形成观念设想，从而指导支配自身的言行。榜样是社会规范和抽象的道德概念的具体化、形象化和人格化。树立榜样，不仅让学生在榜样人物的事迹中受到心灵触动，更重要的是，让学生从中受到启发，自觉向榜样看齐，学习领会榜样人物的观点、方法，并以榜样调控自己的道德行为，逐步形成自我控制能力。二是用反面的警示训练学生的自我控制能力。我们的教育以正面教育为主，但也不能忽视反面教育。一定程度上讲，反面教育更能让学生得到警醒，从而让学生控制好自己的言行，不拘规矩，适时选择一些具有典型性的反面事例引入教学，进行深入剖析、批驳，让学生积极思考，多角度地分析，充分地讨论，达到使其明辨是非、区分善恶的目的。

二、培养学生关爱他人的良好品质

培养学生的自我教育能力，就是要培养学生关爱他人的良好品质。我认为，关爱是尊重的基础，尊重是关爱的具体体现。教师以爱来教育学生，其最终的目的，是使学生感受到教师无私的爱后，再把这种无私的爱自觉地传播给周围的一切。我们现在学校的"爱的教育"，对于中职生来说，未免太抽象、太崇高，在他们眼里，祖国之所以可爱，就是因为有"四大发明"、有"九百六十万平方公里"、有"屈原、孙中山"。我很赞同李镇西老师说的，不管"热爱"什么，首先要热爱周围的人——爸爸、妈妈、哥哥、妹妹、邻居、老师、同学、旅途上偶然相识的伙伴、路上每一个普通的公民，热爱周围的环境——教室、校园、家乡的山水、所在的城市街道、自己的宿舍大楼。如果学生对这一切都没有感情，那么，爱国之心又从何而来呢？学生不守纪律、学习松懈、劳动不认真，甚至撒谎，都可以原谅，而对别人漠不关心、毫不尊重，特别是对自己的父母，事例中李炫同学因小事如此对待自己的父亲，则是最不能容忍的，在平时的工作中，也会遇到很多类似的情况。

让学生从平常的小事做起，学会爱身边的人，从而懂得尊重他人，这才是我们应该做的。只有家长和教师携起手来，才能培养出德才兼备的国家有用人才。李镇西老师把大的德育目标如爱祖国、爱人民等转化成一个个小的德育目标，通过一个个具体细微的小事，不断地对学生进行爱的教育，值得我们学习。在日常的教育过程中，我们要有意识地培养学生的关爱能力。要让学生认清，关爱应该是一种彼此之间双向的、平等的、富有生命状态的双边活动，它不是一套简单的动作程序，不是"施舍爱"的表演，而是去发自内心地悦纳对方。当你想去关爱一个人的时候，不能因为他需要关爱就一厢情愿地、机械性地去关爱，而是必须要敞开心扉、真心诚意地去包容他。

学生的自我教育能力一旦形成，不仅使学生在校学习期间受益匪浅，将来步入社会，也能抗御不良社会风气的侵袭，自我净化，成为一个有利于社会的合格人才。关爱是人类特有的情感体现，如果关爱缺失，人的身心发展就会有障碍，所以，作为教师，我们不仅要教会学生们懂得关爱，还要以身作则，展示出对学生的关爱，对学生的尊重，让自己成为关爱他人，尊重他人的榜样，让更多的学生获得关爱他人、尊重他人的能力。

（2019年2月19日）

邹六根《行动德育》读书心得

佛冈县职业技术学校　范方初

　　《行动德育》出自邹六根教授，邹教授是全国德育专家，曾获得全国科研先进、浙江省优秀教育工作者、浙江省科研标兵、湖州市"好老师"、湖州市优秀班主任、湖州市十佳心育导师、湖州市党员先锋示范岗，建有"邹六根工作室"，先后分别担任过初中、小学、普高、职高班主任达26年，"行动德育"先后在27个省市600多个地市进行巡回演讲，形成"草根德育特色"，受到时任副总理刘延东与张高丽的关注，在全国具有很大的影响力。

　　在今年寒假我有幸将《行动德育》整本书都阅读了一遍，收益颇多。该书分两篇进行描述，第一篇是老师需要思考的十个教育问题；第二篇是学校可以借鉴的十项德育行动。邹教授采用九十三个草根案例解读行动德育，个个案例真实有效，通俗易懂，也是我们每个教师所要借鉴、深思和学习的。通过阅读这部专著，邹教授的一些观点深深地印刻在我脑海中。

一、学生是什么

　　在邹教授看来，"学生是什么"的真正内涵包括三层。第一层：学生是一个因学而生的人；第二层：学生是风雨中的一把雨伞，一个抗风雨能力差，需要老师撑着的一把雨伞，从学校到社会，进企业，上岗位，教师还要好好地扶学生一程；第三层：学生是一棵成长中的生命树。确实，我们平时言语上一直强调要好好教书育人，但或许有些时候对学生的定位都不是那么的准确。夸美纽斯说："教育使其成为人！"职业教育的目标就是要把学生培养成一个能够终身发展的人。学生是人，是人就要生存，想生存就要学习。人生有"三学"：一是学"生活常识"，二是学"生存技能"，三是学"生命尊严"。我们中职学校的学生具有特殊性，中职学校的老师更应该注重这"三学"教育。

同样，老师不仅仅要"树人"打根基，更要注重用心育人。用心育人就是要尊重学生的身心，倾听学生的心声，承认学生的个性，承受学生的叛逆，帮助解决学生成长中遇到的困难和困惑。

二、师爱是什么

作为老师就要践行教育的"博爱""仁爱"和"睿爱"，把这三种爱沉淀于工作，沉淀于课堂，沉淀于自己所爱的教育事业。从教将近十年，我越来越发现我们不能吝啬自己的师爱，相反，我们献出越多，得益也只会更多。老师有"师爱"，是发自内心的一种责任，这种责任体现在以下三个方面：

第一，老师要向学生奉献一种"温馨的爱"。中职生往往会让自己的情感与想法独立于师长的沟通之外，正因为这样，才使得他们有太多的迷茫与困惑，这样老师"温馨的爱"对重建这种沟通变得很重要，这种爱会让老师身边有学生，学生的心会向老师聚集。

第二，老师要引导学生读懂父母的爱。现在的孩子都是家庭的中心，自我意识较强，他们只知有自己，不知爱别人。在日常生活中，学生顶撞家长、怨恨家长的现象屡见不鲜。引导中职生读懂父母的爱，有助于他们形成健康的心态，有助于他们形成高尚的情操，有助于提高他们的综合能力。

第三，老师要用"五心"去成就师道尊严。"五心"即真心、恒心、巧心、细心、信心。老师要对学生真心，对家长真心，要真心真意地为学生解决困惑，就会赢来学生、家长与同事的敬意，也就赢来了师道尊严。一切好的教育方法，一切好的教育艺术，都产生于教师对学生的无比热爱的炽热心灵中。大家都知道教育工作是琐碎的，是繁杂的，面对职业学校的特殊工作和特殊学生，想要一如既往地做下去，就需要"绝不放弃"的这种精神，也就是需要一颗"恒心"。

在我看来，要做好中职德育教育，似难非难，关键我们得了解我们的学生，得用心教育，将教育作为一份事业认真对待。老子说："天下难事，必作于易；天下大事，必作于细。"只要我们做到了这些，我们就不怕我们的教育出问题，收不到成效。邹六根教授就是我们教育工作者的榜样，他的很多德育行动也经常发生在我们身边，当我们困惑的时候就可以学习借鉴。

（2019年3月21日）

《马云：未来已来》读书心得

佛冈县职业技术学校　邓凤仪

2007年我大学毕业，那年我首次接触网易公开课，发现世界上很多名校的公开课在网易上都可以看到。同年，我报名参加了新东方为期半个月的商务英语课，我记得我要去广州上课，住在我姨妈家，每天坐公交车去上课地点。2015年，我女儿三岁，作为孩子妈妈我平时会比较关注儿童教育这块的资源，那年我安排女儿试了网上的来自不同机构的两节课，一节是哒哒英语培训机构的英文课（使用一个Classin的软件，能实现跟美国英文老师面对面学习交流）；另外一节是画啦啦机构的画画课，老师在网上指导学生画画。同年，中国经济出版社出版了一本《互联网+教育：移动互联网时代的教育大变革》的书，里面提到了2015年进入在线教育的深耕年。2018年，我基本上每隔两三天就能接到各个培训机构的试课邀请电话——英语、围棋、钢琴陪练等的课程。

华东师范大学教育学部主任袁振国的一篇文章《未来已来，将至已至——科技创新加速教育变革》如此写道：我们在谈论未来的时候，未来已来，当我们讨论将至的可能性时，将至已至……未来似乎很遥远。可是世界变了，现在和未来的界限变得模糊，我们一只脚踩在现在，一只脚已经跨进未来。人类进入网络时代到现在才20余年。20多年来，人类从IT（信息）时代进入了DT（数据）时代，又从DT时代进入了AI（人工智能）时代。就这样，我们猝不及防地被卷进了这样的一个变革的年代。在寒假，我一边读着《马云：未来已来》这本书，一边回顾这些年来身边发生的点点滴滴，发现变革已经渗透到我们生活的各个领域。英国著名小说家狄更斯说过"这是最好的时代，也是最坏的时代"。这句话同样适用于我们教育行业，你可以利用网络上的资源让自己变得强大，同样，一不小心你就可能被时代抛弃。

作为三四线小县城的职校教师如何让自己不被时代的浪潮拍死在沙滩上，

如何利用大数据时代的资源让自己与这个世界同步练就终身学习的能力，这是需要我们去思考的。就我个人而言，需要从以下三方面完善自己。

一、走出去，参加各类学习培训

今天，你可以在网络上观看各类讲座、课程，查询到不同的资源等，但为什么还要走出去？很简单，其实，人都是有惰性的，这是人类的本性之一。在我们小县城，人们的工作生活节奏会比大城市慢许多，长期单一地在这样一种氛围里人就容易懈怠。当你走出去，去感受这个时代瞬息万变的时候，你自然就会认识到自己的渺小，这样你就不得不去学习。

另外，当你参加各类学习培训的时候，事实上就是跟其他人思想的交流，这种交流对我们的成长非常的有必要。这是我很深刻的感受。生完孩子后，我基本上就没离开过我们县城去参加过培训。在2019年1月份，跟着我们工作室主持人去参加名师工作室的培训，其间，我第一次听说"核心素养"这个词。回来后，我搜索了相关方面的信息，发现"核心素养"已经在教育界提了很多年。这对我的触动是非常大的。有很多新的概念理念已经存在，但你却无法获知，只有走出去，与别人交流才能让你获取最新的前沿信息。于我们教师而言，这些信息是我们成长的源泉。

二、做互联网的有心人

苏霍姆林斯基在《给教师的建议》中说道："教师所知道的东西，就应当比他在课堂上要讲的东西多十倍，以便能够游刃有余地掌握教材。"我们不可能经常出去培训学习，但我们作为教师又不得不保持学习的状态。这样才能在课堂上灵活地将教材知识融入教学过程中。"互联网＋教育"时代网络资源非常丰富，只要你有心，你就能在互联网上找到你想要的任何资源。

比如，你是新教师又或者你需要承担一门自己没接触过的课程，以往，你可能会彷徨无助，但如今，只要你打开互联网就会发现，你能搜寻到各种各样有关此课程的信息，你甚至能提高效率直接利用，把这些资源运用到你的课堂中去。当然，如果你上的课足够好，你还可以将你所授课程在各类网站的慕课学院开课，成为受欢迎的教育工作者。今天，互联网的授课形式，已经突破时间空间的限制。做互联网的有心人，善用各类网络资源，是完善自我知识结构，提升自我的专业技能非常便捷的路径。

三、善于思考，勤于动手

"业精于勤荒于嬉，行成于思毁于随。"学习就是为了不断将知识转化成自我的能力，如若不思考，是很难将已有的知识转化成自己的东西的。这跟我们教学过程需要教学反思是一样的，美国学者波斯纳认为："如果一个教师仅仅满足于获得经验而不对经验进行深入反思，那么他的教学水平的发展将停滞不前，甚至有所滑坡。即便有多年的教学经验，也只能是一项工作的多次重复。"因此，我们作为教师不仅要对我们课堂教学进行反思，也要对我们所学知识进行反思，不断地将所学知识进行修正、强化，去粗存精，去伪存真。

作为职校专业教师，还要将所学技能动手去操作。因为很多时候我们只学不做，操作技能是无法提高的。我在寒假前报了个与微课制作相关的课程，课程听了一半，都听得懂，听的时候感觉简单，但等到我做微课设计的时候，我发现我就只懂得了软件的几个操作功能，我无法将自己微课的设计思想呈现出来，这就是只看不做的结果。因此，要想提高技能，勤动手是必然的，这样我们才能在教师成长的路上越走越远。

今天，我们处在一个"互联网＋教育"巨变的时代，科学技术发展的速度超过了我们的想象力，当我们说着如何适应"互联网＋教育"时代的时候，或许，很快我们就要学会如何与人工智能和谐共处了。作为变革时代的教师，如何利用各种资源让自己不断成长，这是我们终身要做的一件事情。

（2019年4月3日）

《我在美国上中学》读书心得

连山壮族瑶族自治县职业技术学校　黄时玲

　　《我在美国上中学》这本书是在一次培训时老师推荐给我们阅读的，但一直没有付诸行动，最近才拿起了这本被搁置已久的书。通过阅读这本书使我深入了解了美国中学是如何教学的，也大概了解了美国与中国教育的不同。近年来我国也非常注重借鉴其他国家的好的教学理念和教学方法，有很多教师到美国去参观、学习，也有教师参加从外国引入进来的"以学生为中心"的教学法之类的培训。目的就是希望借鉴一些对我们的教育有帮助的教育理念和方法。不管是基础教育还是职业教育，都在探索教育改革。不管是基础教育的探究式教学，还是中职教育的"以学生为中心"教学法的应用，或多或少都有点学习外国先进教育理念的味道。但每个学校的实际情况不同，如何将学到的教学理念、教学方法应用到不同的地区、不同的学校、不同的专业则需要我们不断地探索。作为偏远山区民族地区职校的教师，我也想谈谈我们可以从哪些方面应用这些教学理念来促进和提高我们的教育教学效果。

　　美国的高中与大学并没有把界限分得很清楚，读高中时只要你有能力并且愿意就可以选修大学的部分课程，不但使学习能力较强的学生可以自己安排学习的进程，也为日后进入大学做好准备。在我看来，美国的理念跟我们国内的因材施教有异曲同工之效，都考虑到了学生差异性会导致学习的差异，只不过学生不同，就得用不同的办法解决。我们中职学校的学生学习基础参差不齐，每个人的知识基础、理解能力、学习能力都不同，存在学生学习进度不同步的现象。特别是实训课时这种不同步的现象更突出，经常是学得快的同学很快做好了然后无所事事地等着，而学得慢的学生问题多多，老师一个人总觉得忙不过来。那么，如何解决这一矛盾呢？我认为可以在教学中采用学生师徒法和分层教学法来解决这个问题。

学生师徒法就是在实训课教学过程中，由实操完成得又好又快的学生担任小师傅，学得慢的学生为徒弟的学生师徒互学互促的教学法。学生师徒法的应用，允许学生小师傅先学会，再将自己的学习经验分享给其他学得慢的学生徒弟，并在此过程中巩固所学知识并在碰到问题、解决问题的过程中学到更多的知识。这就使小师傅在富余的时间里也还在学习而不是等待。学生徒弟也可以在小师傅的帮助下学得更好更快，不会因学得慢而来不及消化，甚至还没学会就被安排学习其他内容。学生徒弟甚至还可以选择一个适合自己的小师傅，选择一个思维方式跟自己接近的、讲解方式易于接受的小师傅，在轻松愉快的氛围中提升知识和技能。这样一来，学得快的学得更多了，学得慢的也有人帮助辅导，很好地解决了学生学习不同步的问题。

分层教学法主要是在实训课教学过程中，针对不同基础的学生设定不同的教学目标的教学方法。对于基础好的、学得快的学生可以提高他们的学习目标，使他们在富余的时间里学得更多，达到更高的学习层次。比如在进行《电气控制》教学时，初级的要求是能把线路接出来实现电路功能就行。当部分学生学得较快时，可以提高他们的学习目标，教他们检修电路以达到中级的要求。当其他同学接的线路有问题时，就让他们帮忙检修电路。这样，学得快的学生就可以在富余的时间里提高自己的学习层次，学得慢的学生也得到了同学的帮助。分层教学法同样是解决学生学习不同步的好方法。

美国中学非常注重学生素质的培养，不但开设了无限选择的高中课程，还组织了丰富多彩的课外活动。我们学校这几年也非常注重学生的第二课堂，但大多是以非专业的兴趣爱好为主，我觉得我们可以向美国中学学习，第二课堂还可以开设专业的兴趣小组。今年，国家将真正试行中职生3＋技能证书考取高职院校的高考制度，学生考取技能证书又多了一个好处。而我们山区职校的学生总体基础较差，除上课外应充分利用第二课堂提高学生的专业技能。在第二课堂开设专业的兴趣小组，将是对课堂教学的一个补充，有兴趣参加的学生在这里可以得到更多的训练，对考证通过率的提高是有帮助的。

美国的教育有许多好的教育理念及学习方法，但国情与学情不同，我们应采用批判性思维，在学习的前提下，探索出符合我国学生的教育教学法。

（2019年3月20日）

《职业学校案例研究》读书心得

佛冈县职业技术学校　李倩

通过阅读《职业学校案例研究》一书，个人感受颇深，本书主要通过对典型案例的研究和分析，揭示出职业学校管理的规律，促进职业学校教师的素质养成和专业化水平的提高。本书共分为六章，每一章都确定了职业类学校校长专业化发展的理论重点，如发展理论、战略构建、管理策略等，同时结合我国职业教育改革和发展的实际需要，将发展地位、体制改革、管理制度、激励机制、校企合作、教学质量、招生就业、文化构建等热点问题按照模块属性分别放到框架之中。书中的每一个案例都与职业学校发展的实际问题相关，作为一名职业学校主管教学的副校长，我深深地感到责任的重大，要深刻领悟校长角色的内涵，充分挖掘自身潜能，创造性地开展工作。

如第三章教学运行管理中模式创新，石家庄市职教中心为改变目前中职学校理论实践课相脱节的现象，通过对德国的双元制、英国的BETC、北美的CBE、意大利的TAFE多年的实践，提出了具有校本特色的"STGT"工学一体教学模式，也就是Situational Teaching & Group learning，即"情景教学与小组学习"一体化的构建。主要是以学校为主体，以企业、行业为主导，以实际工作过程为背景，体现"在工作中学习，在学习中工作"这一新型工学一体化的教学模式，使学生达到"学会学习、学会工作、学会发展、提升素质"的学习目的。这种教学模式有六个支撑的要素。

1. 情景教学

以工厂为背景的教学环境，构建与实际工作环境相一致的教学氛围，体现教学方法的设计。

2. 小组学习

创设以学为背景的学习环境，构建教师与学生、学生与学生平等互动、团结合作、探究分析的体验过程，体现教学方法的设计。

3. 师资队伍

兼职与专职相结合的双师型的师资队伍。要定期组织教师到社会进行调研，到企业生产实践，聘请企业、行业专家到学校讲学等。

4. 导学关系

构建师生互动、生生互动的学习格局。让学生成为学习的主体，老师是学习的指导者、帮助者、合作者。建立学习过程的三段式：课前搜索、提出问题；课上讨论分析、指导实践；课下记录证据、强化反思。

5. 教学评价

由校内外专家组成的教学督导机构，对学生采用过程性和终结性评价相结合，开放式与封闭式相结合，学习态度与道德评价相结合，自我评价与客观评价相结合的方式，激励学生学习。

6. 资源建设

创建教学资源环境"四化"，即实训场景工作化、设备配置标准化、设备类型生产化、文化氛围企业化，以体现学习过程的工作化。

这种教学模式主要体现了以学生为中心，以行业的实际工作过程为背景，使职业教育的专业教学过程与职业领域的行动过程紧密联系在一起，处处体现教学和培养过程的职业化，为学生职业发展奠定强大的基础。

在学校教学中，我们一直在尝试引进专家进校园，引进企业文化进校园。我们正在积极地行动，我们希望文化课特别是语文课能为学生的职业发展注入新的内涵，为学生职业发展和就业终身服务。

（2016年1月20日）

《职业教育政策研究》读书心得

佛冈县职业技术学校　李倩

《职业教育政策研究》按照国际组织、发达国家和中国三个部分的职教政策的框架，形成较为全面的写作体系，突破了就单个国家或地区为研究单位的做法，采用了关注国际组织职业教育政策这样的平行研究的方法，同时立足中国，采用基于中国职业教育发展需要的比较方法，试图探析职业教育政策的基本依据和发展趋势，不是简单介绍政策法律文本，而是对政策法律的背景、解决问题与目标、成效与评价等进行综合研究，填补国内空白。内容包括7章。职业教育的国际治理；职业教育政策新热点的跨国比较：经济合作组织的视野；面向知识经济的职业教育——欧盟里斯本战略下的政策实践；职业教育立法研究；企业参与：职业教育校企合作机制与政策；中国职业教育政策分析；职业教育的公益性质与战略选择。

一、职业教育的发展特征和存在问题

在职业教育30年的政策评析中，对职业教育30年的发展特征进行了准确的阐述，认为职业教育在不同的经济发展时期有不同的表现，但市场的趋势变化贯穿始终，也对职业教育政策存在的问题做了深刻的剖析。

1. 发展特征

（1）从经济需求到综合需求：职教发展的动力转换。职业教育承载着国家的需要、企业的需要、受教育的需要等。

（2）从计划到市场：职教寻找市场机制的尝试和危机。危机一：市场机制不能实现职业教育的自我发展；危机二：市场机制无法实现对公共资源的有效配置；危机三：市场机制无法实现职业教育与其他社会组织尤其是行业组织和企业组织的有效联合；危机四：市场机制无法代替政府对职业教育的高投入；

危机五：市场机制无法实现职业教育内部运营机制的最优化。

2. 存在问题

（1）部分政策在一定程度上失效：政策质量不高、政策工具不足，在校生规模不大，社会热情不高。

（2）职业教育仍然被边缘化：社会认可度不高，中央资金投入下降。

（3）管理体制问题：职业教育与普通教育沟通难。

（4）管理体制不畅通：多部门管理，效率低、协调难。

（5）多元化的办学体制难落实：企业、行业参与度低。

二、企业参与对职业教育的重要性

根据自己从事职业教育的经验，认为职业教育的发展除了学校依法执教、政府支持外，企业的参与已经成为职业教育不可回避的问题。

一是因为职业教育只有依靠行业办学，才能培养出行业所需的人才。

二是因为职业教育只有依靠行业办学，才能不断地进行教学计划和技术的更新，使培养的人才更加贴近企业。

三是因为职业教育只有依靠行业办学，才能不断进行师资培训和理念的更新。

四是因为职业教育只有依靠行业办学，才能实现学生、学校和企业的三赢。

但是校企合作要能够有效持续的发展，就必须靠立法和严格的职业资格准入制实现。法律制度是确保企业参与职业教育最基本的制度，以法律的形式规定国家、企业和职业教育培训的提供者参与职业教育的权利、责任和义务，并建立一套监控体系，使他们有法可依、违法必究，这是企业参与职业教育的重要的动力和保障。

（2016年3月4日）

第二篇

用心育人，爱与智慧

2

素质教育之我见

佛冈县职业技术学校　李倩

对一个人来讲，能力比知识重要，人格比能力更重要，人格是人生的最高学位。具有高尚人格的人，他们有着远大的理想和崇高的信念，强烈的责任感和使命感。社会需要高尚的人格，人们呼唤高尚的人格，所以，作为教师在教学中应把塑造学生的高尚的人格放在教学工作的首要位置。

我认为要塑造学生高尚的人格在教学中应着重从培养学生较高的情商、良好的心理素质、自主学习的能力和良好的行为习惯四个方面着手。

一、培养学生具有较高的情商

在教学的过程中，要让我们的学生学会关爱和理解别人。因为爱是人类永恒不灭的主题，没有爱就没有灵魂。一个连自己的父母、老师和同学都不爱的人，他将来会爱祖国吗？他会为祖国和人民贡献自己的青春和热血吗？

虽然我们一再呼吁教师既要教书又要育人，但在盲目追求升学率的今天，充满人情味的情商教育却显得那样的苍白无力。我们不禁要问素质教育到底离我们还有多远？一些学生良好智商的背后却是情商的严重缺乏。太多的事例提醒我们：提高学生较高的情商已是刻不容缓了。

要培养学生较高的情商，教师对学生的影响最重要。教育家加里宁说过："教师仿佛每天都蹲在一面镜子里面，外面有几百双敏锐的、善于窥视教师优缺点的学生的眼睛在不断监视着他。"这足以说明教师对学生的影响有多大。看到教室的走道上有纸团，即弯腰捡起；课堂上，面对学生的调皮，不是以训斥代替教育，而应该尊重学生的人格，引导学生自己感悟；作业批改中，不轻易打上"不及格"，而是尽可能地留给学生改正的机会，让学生通过自己的思考，掌握学习的方法，体验成功；学生有过错，不要大发雷霆，而是轻声细雨

41

地剖析，没有过多的责备，反而更容易让学生为自己的行为懊恼不已；学生之间有了矛盾，应不偏不倚地处理，因为公平是衡量教师的神圣尺度；教师出了错，也不必掩盖，一声"sorry"，更能博得学生的谅解与尊重，"人非圣贤，孰能无过？"总之，通过一件件的小事，以身作则，用自己高尚的品德熏陶学生，用自己的智慧启迪学生，用自己的灵魂唤醒学生，用自己的情感打动学生，从而培养学生具有较高的情商。

二、培养学生具有良好的心理素质

一个人能否一生幸福快乐，心理素质起着决定性的作用。魏书生老师曾经说过："生活就像一面镜子，你对它笑，它就会对着你笑；你对它哭，它就会对着你哭；你板着面孔对待生活，那它天天就会让你烦恼。"所以，只有保持乐观向上的情绪，才会心情舒畅，才能开拓进取。反之，如果遇事斤斤计较，怨天尤人，就会心情灰暗，垂头丧气。

1. 教会学生充满自信

布鲁金斯学会网站有句格言："不是因为有些事情难以做到，我们才失去自信；而是因为我们失去自信，事情才难以做到。"只有充满自信的人才会实现他人生的最高目标。记得"文化大革命"时期，有一位教授被下放到一所中学任教，当时村里流传得神乎其神，说他能很准确地预测孩子的前程。于是，孩子们纷纷向他讨教。孩子们有的向父母说："老师说我将来能成为数学家。"有的说："老师说我将来能成为画家。"有的说："老师说我将来能成为文学家。"家长们惊奇地发现，他们的孩子与原来不一样了，他们个个都变得勤奋好学了。多年后，这些孩子都以优异的成绩考上了理想的大学。难道那位教授真的能预测孩子们的前程吗？绝对不是！而是他在无形之中给孩子灌输了一种信念：相信自己，正视自己，努力进取，就能实现人生的最高目标。

2. 教学生学会面对生活的一切不如意

这就要求教师要经常对学生进行挫折教育，让学生认识到人生之路不是一帆风顺的，它随时可能出现荆棘和坎坷。挫折是生活的调味品，就因为它的存在，生活才会丰富多彩，才会充满喜怒哀乐和酸甜苦辣。所以，我们应教会学生坦然地面对生活的一切不如意，学会坚强，学会在逆境中寻求生存和发展。正如巴尔扎克所说："世上的一切事情永远都不是绝对的，其结果完全因人而异。苦难对于天才来说是块垫脚石；对于能干的人来说是一笔宝贵的财富，而对于弱者则是万丈深渊。"

酸甜苦辣都有营养，成败得失都有收获。教师应引导学生从多个视角来看挫折，从中吸取多方面的营养，坦然地去面对生活中的一切不如意。

三、让课堂充满活力，使学生学会自主学习

联合国教科文组织指出教师应坚持以人为本的教育理念，让课堂充满生机和活力，引导学生学会自主学习。

建构主义认为，世界是客观存在的，但对世界的理解和认识，却是由每个人自己决定的，学生会以自身的经验来解释现实和认识世界，因此学习需要主动性、社会性和情景性，所以，作为教师，必须想方设法让自己的课堂充满活力，让学生学会轻松自主的学习，使学生成为学习上可持续发展的人。

现在是信息时代，学习的空间大了，学习的途径多了，学生的感受丰富了，教师单向的知识传授，"填鸭式"的教学行为使学生缺乏主动性和参与性，老师讲得越多，学生听得越细，越容易出现可持续发展意义上的学习真空，教会学生自主学习已十分迫切。江苏一个偏僻的地方有所洋思中学，它每年的入学率、巩固率、合格率全部都是百分之百，优秀率居全省第一，成了全省学习的楷模。他们的教学方法是：先学后导，先练后教，每堂课老师的讲授不超过4分钟，主要是让学生自己去学习、去思考、去探究。在教与学的过程中，学生是活动的主体，教师是向导。通过师生互动，培养学生的自学精神，让学生学会自主学习。

人们常说：差的老师瞎折腾学生，好的老师让学生自己折腾。有些老师使讲台成了表现自己的大舞台，使课堂成为自己的中心殿堂，不是把学生看成是一个冷漠无情的看客，就是把学生看成是一个刻板、机械的容器，教与学严重脱节。由此可见，只有用师生共同的知识、智慧、情感、意志来构筑，才能使课堂充满生机和活力。课堂的每一次感受，每一次体验，都是人生经验的重要组成部分。课堂里有疑惑、有焦虑、有痛苦，同时有欢乐、有喜悦、有得意，甚至有憎恨、有深爱、有泪水。好的课堂是人生的一种享受，好的老师大都通过课堂给学生留下了刻骨铭心的记忆。

另外，要让学生学会自主学习，教师应该给学生创设问题情境。爱因斯

坦说过："提出问题比解决问题更重要，因为解决问题只需要一些技巧，而提出问题则需要创造性的想象，而想象才是人类智能发展的最高境界。"有些教师上课时的口头禅是："还有没有问题？""没有问题。""这下老师放心了。"有人曾对比中美教育：在中国是将有疑问的学生教得没疑问了；在美国却是将没疑问的学生教得有疑问，甚至提出的问题连老师也难以回答。2001年7月，美国的一位教授来到上海的一所中学讲学，当他做完一系列有趣的实验后，满怀期待地问台下的初中生的看法时，却没有一个人敢站出来发表意见，尴尬之余，那位教授只好自己给出答案。讲座结束后，他对来访的记者说："同美国的学生相比，上海的学生反应平淡，表现欲不强，而且不敢发表自己的见解。"

学习的真谛不仅包括得到圆满的答案，而且还包括能悟出其中离奇的问题。带着疑问进课堂，带着更多更深的疑问离开课堂，这应该是素质教育下充满生机和活力的课堂，这也是我们每个教师应该努力去追求的。

四、培养学生良好的行为习惯

良好的行为习惯要从小培养，播种行为，收获习惯；播种习惯，收获性格；播种性格，收获人格。

1988年1月，75位诺贝尔奖奖金的获得者在巴黎集会，其间，记者曾问其中一位白发苍苍的学者："你在什么地方学到了你认为最重要的东西？"这位学者回答说："在幼儿园里，我学会不迟到、不旷课；把自己的零食分给小朋友吃；不是自己的东西不要拿；饭前便后要洗手；午后要休息；做错了事要道歉；要仔细观察周围的一切。我认为这是我一生学到的最重要的东西。"是教师让这位学者养成了良好的行为习惯，良好的行为习惯造就了这位伟大的学者。

1. 培养学生"金"的品格，"铁"的纪律

陶行知先生说："学高为师，德高为范。"学生高尚的品格需要教师去培养。高尚的品德会使一个人魅力无限。而铁的纪律是实现一切目标的首要条件。没有纪律，一切都将成为泡影；没有铁的纪律，军队将溃不成军，工厂将无法正常运行。

2. 教会学生文明守信

文明守信是中华民族的传统美德，是衡量一个人乃至一个国家的重要尺

度。试想，一个人在生活中不重视诚信，屡屡失信于人，他将受到重大的惩罚：工作中，领导不信任他，不敢把重要的任务交给他，更不用说提拔重用他，试想谁会重用一个言而无信的人；生活中亲朋好友也不信任他，因为他多次言而无信，亲朋好友只好渐渐远离他，他将孤苦伶仃！相反，一个以诚信为本的人，在生活中会受到人们的欢迎，谁不喜欢和一个"言必信，行必果"的人相交相处？同样，一个企业若能正常运行，并且不断壮大，它也必须要注重诚信，试想，一个没有诚信的企业，谁还敢同它做生意？同样一个国家、一个民族，如果没有诚信，也很难立足于世界。总之，无信而不立，不善待诚信者，必为诚信所抛弃。

3. 教会学生爱护环境

地球是我们共同的家园，人为的破坏，已使它面目全非、千疮百孔。我们要让学生从小树立环保意识，从小事做起，从我做起。人人都种上几棵树，世界将变成郁郁葱葱的绿洲；人人都肯弯腰捡起地上的垃圾，我们的地球将变成一尘不染的净土；只要人人都献出一点爱，世界将变成美好的明天。

只要我们的教师在教学的过程中注意培养学生具有较高的情商、良好的心理素质和良好的行为习惯，并让学生学会自主学习，那么我们的学生才能真正成为社会的有用之人。

（2017年9月5日）

不离不弃

佛冈县职业技术学校　陆奕俊

陶行知先生曾说："爱是一种伟大的力量，没有爱就没有教育。"热爱一个学生就等于塑造一个学生，而厌弃一个学生无异于毁坏一个学生。热爱学生，不仅要爱优秀学生，更要宽容有缺点、有问题的落后学生。而对于那些落后的同学，我们老师要对他们做到不离不弃。

我所任教的班级为17学前教育班，班上全部都是女同学，李×欣是给我印象深刻的同学之一，她不是成绩好给我留下了印象，而是因为她，厌学、经常不做作业、好动，而且喜欢和班主任与科任老师对着干。

面对这样一位同学，我与班主任商量，让其作为我教育的一名同学，从2017年她入学开始，就建立了她的转化档案，现将对她的教育案例，与大家共享。

一、课堂表现

李×欣同学是从清远技校转入我们学校的一位同学，从第一天上课开始她就不抬头看老师和黑板，而是在下面和同学交头接耳，甚至是做一些小动作，总停不下来，而在跳韵律操时就站在那，从不积极认真做操。每天的课堂作业是从不完成的，跟其他科目的老师沟通，发现她在其他学科上也存在同样的表现。

二、调查分析

几经波折之后，我终于与李×欣的家长取得了联系。沟通之后，我逐渐了解到了一些我所不知道的细节。李×欣是一位在单亲家庭中长大的孩子，平时跟着外婆一起生活。外婆有一个年龄跟她相仿的儿子。也就是说李×欣有一个年纪跟她差不多大的舅舅。外婆的年纪也不大，因此平时还要上班赚钱，疏于对这两个孩子的教育和管理。只是在吃穿方面给孩子提供保障，在学习上，两个孩子的学习习惯从一年级开始就没有养好，因此无论是在上课时，还是在家庭作业方面都只是应付了事。其母也只是在过年过节的时候回娘家看看孩子，而外婆本身的知识贫乏，在学习方面根本就不能提供给孩子有利的帮助。再加上两个孩子在家没人看管，大部分的时间都花在打游戏和其他玩耍上，也就形成了无心向学的局面。

三、教育措施

了解了李×欣的家庭情况之后，我有针对性地给她设定切实可行的学习方案：

端正其态度。我要求她上课时，眼睛必须要盯着我看，要知道当她眼睛一直盯着老师的时候，哪怕她手在摸别的东西，她的注意力还是会在课堂上，而且眼睛看着我，她就算想摸也就不太方便了吧。

激励加表扬。如果她在一节课中举手1次，我就给她加1分，回答正确1次再加1分。这就使她有了学习的动力。要知道我的这些加分可不是虚的，它们是可以用来换取学生自己想要的东西的。所以积分的含金量比较高，学生们也都是很重视的。

督促其言行。她平时的在校作业，我派了一个同学专门对其进行了一对一的监督，如果平时的作业能够在老师规定的时间内保质保量地完成，她的监督员有权对她的表现进行适当的加分。反之，则可以对她进行相应的扣分。针对周末在家无人看管的情况，我也有我的妙招。现在的科技这么的发达，联系如此的便利，我当然得好好利用微信和QQ等有效的联系工具了。我给了她我私人的微信号（其他的学生可都是没有此殊荣的），规定了在每天21点之前将她作业完成情况拍照片发给我，如果每科作业完成得好，那么她可以获得我的作业优秀奖5分。反之，则不仅要扣分，而且还要在周一早上重新完成作业。这样一来，李×欣同学对于做作业的态度也就不再是敷衍了事了。她特别喜欢玩王者荣耀，我就在她完成作业比较好的情况下，与她联机对杀，算是对她小小的奖励，拉近距离，让她信任我，乐意接受我的管教。

四、教育效果

教育并非是一日之功，是一个长期、曲折、艰难的过程，要将一些恶习从一个人身上驱除干净是要付出汗水、精力、爱心等等。教育不能急于求成，一蹴而就。虽然我的这一系列的措施和手段看似很完美，但是孩子毕竟不是工具，她有自己的思想。她也有叛逆的时候。在行为心理学中，人们把一个人的新习惯或理念的形成并得以巩固至少需要21天的现象，称之为21天效应。这就是说，一个人的动作或想法，如果重复21天就会变成一个习惯性的动作或想法。通过软硬兼施，我最终让她将这一系列的措施坚持了下来。教师这个职业就是这样一个良心活，也许并没有人去监督你怎样去对待每一个孩子，这样一个孩子对于我的教育或许并没有什么太大的影响。但是在我，一个教师的心中却非常明白，自己怎样对待这棵刚刚发芽的幼苗，往往决定着一个孩子的一生。我的放下也许是一时的，但是对李×欣来说，或许这就会是决定她一辈子的事情。

通过一个学期的努力，李×欣身上不好的习惯逐渐减少，成绩也提高了一点点。

真心对待身边的每一位孩子，做到不离不弃，我相信，我们的孩子能创造出不一样的未来。

（2019年3月21日）

班会引领成长，沟通与交流点亮学生心灵

佛冈县职业技术学校　黄泽棠

本学期我担任17春机电班班主任，学校每个月都会安排一节主题班会课。以往的班会课总是我说得多，学生不爱听，参与度也不高。这一次慢慢地有了一些起色和改观。总结一下，对于他们，这样一群独特的孩子，教学还是要，也非常必要——另辟蹊径。这一次的主题是关于"职业理想"。

主题班会课刚开始的时候，我布置了一个小活动，让他们谈谈自己的梦想。学生要么低头置之不理，要么大声喧哗。有那么一两个心底里愿意配合我的，看着这样的情况，也便沉默了下去。

我见活动无法继续进行，就先用视频和PPT与他们分享了《她的梦想是做中国最老的调酒师——郑雯》《汶川地震里失去双腿的最美舞者——廖智》的故事。之后，我问他们抛出一个对于他们并不算难，也绝对有话可说的论题：只有想不到，没有做不到。让他们在表明自己的观点之后，分成两大阵营，分别站在教室的南北两侧，进行了一场即兴的针锋相对的辩论。

这应该是他们送给我的一个大大的惊喜和礼物，让我在给他们上课时，总感觉忐忑不安的心顿时平静且略带喜悦。

反方：你说你想当大国工匠，可能吗？

正方：可能啊，怎么就不可能？尽管我现在只是一名中职学生，只要我勤奋读书，扎实工作，积极钻研，一切皆有可能。

反方：你说你想当中国首富，可能吗？

正方：马云1988年毕业的时候，第一份工作是教师，有谁能想到他辞职创业之后，一步一步走上中国首富。

……

诸如此类，不乏精彩的语句一句句从他们平常总也看不到的自信、激情、

49

热烈的口中蹦了出来。课堂气氛格外的活跃。

是的，课堂需要热闹，热烈。但更多的时候，需要孩子们静下来，思考、总结、内化、升华。

我给活动配了一首配乐诗《我把理想丢了》："我把理想丢了，丢在匆匆的岁月里，我把理想丢了，丢在滚滚的红尘间……不，我不该这样，我不是随风摇摆的蓬蒿，也不做随波逐流的浮萍……我要种下理想的种子，让它在我的心中再次生长。"

我相信这样美丽的，可以直击人心灵的文字，一定让他们有了触动，加上唯美的画面，加上优雅的，时而婉转，时而激进的配乐，一定让他们有了不同以往的感悟。接下来的课，他们带给我的惊喜一个接着一个……

在讲到职业理想构建的方式时，我列举了四种情况，讲到其中有一个贪官疯狂敛财，并对获取的不义之财有明确的划分的事情时，学生异口同声地点出问题所在：他的理想不合法。

……

这就是我们的学生，通常情况下，他们是无知的、无畏的、无欲的，他们是老师眼中一个个的问题学生、捣蛋分子，他们在家里不听话，在学校不服从管理。但是在这一刻，你没有理由否定他们，他们有自己对于世界，对于事物，对于事件的评判标准，他们或许迷失过，或许此刻依旧前途迷茫。可是，这一刻的他们，向我们展示出来的，不正是这个年龄阶段特有的那种美，那种风采吗？这一次，我给全体师生的赠言是：教师不应该专教书，他更重要的责任是教人做人！学生不应该专读书，他更重要的责任是学习人生之道！

作为老师，一生中最大的成就和幸福，应该就是自己的学生取得了多大的成绩，应该就是自己曾经扶正了，或者挽救了某一个摇摇欲坠、濒临悬崖的孩子的前程命运。

因此，我时常提醒和告诫自己，包括身边能够影响到的同事们：请尽可能地，用你的努力、你的自律、你的示范点燃、激发每一位学生。也许就是那么一句话，一个不经意的动作，一次毫不意外的接触，就改变了一个孩子的一生！

（2018年5月13日）

中职班主任管理工作中榜样激励的应用分析

英德市职业技术学校　邓导平

在中职教育中，班主任是连接学校、家庭和社会的发展纽带，在中职教育管理工作中，扮演着双重的发展角色。班主任是德育课程的实施者，教育模式的开拓者，在实际工作中负责处理学生的各种问题，协调班级各项大小事务。一方面，班主任工作有着自己所需承担的专业和课题项目，需要具备一定的专业技能。另一方面，在日常的教学任务中，班主任不但承担着教书育人的角色，而且还需要在班级管理工作中落实好组织和协调的管理作用。

一、中职班主任管理工作中榜样激励的价值含义

顾名思义，激励具有激发、鼓励之意，是一种正面的激励引导模式。对于中职学生来说，他们尚处于青春期，在心态性格、生活经验上都稍显稚嫩。运用到中职教学中，激励教学手法的应用在调动学生学习动机的同时，也能够保持职业教育的发展成效，鼓舞广大中职学生的学习士气。在班主任管理工作中，借助于这种柔性的教育管理模式，将激励实践手法保持为持续的加强和激发，并借助于榜样激励、精神激励和物质激励，使学生能够按照所期望的目标大胆前行。

在众多激励模式中，榜样激励是一种实施过程较为便捷、教育效果十分明显的教学管理办法。它在班主任工作中，可以为学生树立良好的学习榜样，使学生的内在潜能能够被充分激发出来，提高他们的自主学习意识，使学生能够按照预期的目标不断前进。

榜样激励法作为一个系统的管理机制，在中职教育中具备强大的意义。根据心理学家的研究结果显示，人类的行为活动和思想动机都存在着一定的模仿性，从婴儿时期开始，人们就通过学习和模仿得到更多的社会经验，从而实现

自身的蜕变和成长。从这一理论结果上看，班主任管理工作和榜样激励之间存在着紧密的联系，因此在实际的教学中需要予以深度的探讨。

二、中职班主任管理工作中存在的问题

著名学者贝雷尔在《人类行为：科学发展成果》中指出，激励的过程是人们满足自身需求的过程。因此，在中职班主任管理工作中，激励的过程应当是循序渐进的。但是在实际的教学工作中，班主任管理工作存在着一些常见的问题，具体分析如下。

1. 管理效果不强

班主任工作涉及了中职教育的方方面面，和学生的学习、生活密切相关。这也就导致很多中职班主任工作压力大，经常被一些琐碎的事务压得喘不过气来。因此，在工作过程中，难免出现"厚此薄彼"的发展现象。特别是受"师道尊严"的影响，很多班主任教师都保持着传统的教育理念，在管理中往往采用"命令""斥责"的形式进行教育，导致学生的逆反心理增强，师生关系十分僵化。另外，在班主任教师的管理方法上，激励工作的运用过于片面。很多教师都只是针对学生的实际情况进行单方面的鼓励，却忽视了学生真正的内心需求，往往导致学生无法感受教师的爱心。在管理效果上，存在着较大的缺失，出现了整体脱节的现象。

2. 激励措施缺乏

在中职教育过程中，教师出于对学生就业方面的考虑，往往更加重视对学生的专业技能教学，而忽视了相应的德育、艺术教育。这一现象阻碍了学生全面发展的教育局面的形成。从我国中职教育的整体机制上去分析，一些教师没有认识到激励教育的作用，对学生并没有充足的爱心、耐心和责任心，所以一旦学生出现了错误，那么班主任就很容易走入"全盘否定"的误区，没有真正设身处地地站在学生的角度去考虑和理解学生的想法、做法。班主任往往需要在第一时间解决这件事情，而忽略了奖惩措施中存在的短处，使激励措施的形式十分单一，教育成果日渐匮乏。

3. 典型作用不足

随着社会的发展，榜样激励的应用可以借助于网络、校园、生活等不同的环境。对于中职学生来说，他们所学习和参考的榜样都应该具备一定的意义。

但是这一作用的效果明显是不够充足的。这是因为有些班主任在教学理念上没有意识到榜样激励的重要性，要么放任学生自由学习、要么进行严苛的监管，导致学生对学习榜样的学习程度不深，榜样激励教育意识不断弱化。

三、中职班主任管理工作中榜样激励的具体应用

1. 理想激励，树立崇高的理想

正所谓"有志者事竟成"，理想激励是榜样激励背景下一个重要的环节。对于中职学生来说，他们正处于青春懵懂时期，因此在个性和性格上，体现出了一定的特点。这对班主任工作中的榜样激励提出了一定的要求。为了增强榜样激励的发展成效，教师要以理想激励为发展核心，促使学生产生学习动力，保持良好的学习热情。

首先，教师要通过班会、座谈会、课前三分钟演讲等一系列的活动，引导学生充分树立远大的理想。要鼓励他们多读书、读好书，在书籍的世界中选择一些名人传记，作为自己学习的重要榜样。并通过举办校园理想角的形式，定期书写张贴名言警句，使学生能够用远大的理想去净化自己的心灵。

其次，教师要利用学生"爱追星""爱时尚"的特点，在班级工作中，组织整理一些名人的资料。鼓励学生去"追星"，使他们能够将具备正能量的作家、演员、歌手作为自己的榜样。并通过谈体会、谈心得的形式，使学生能够加深对理想的实质感受，领略到人生的价值和意义。

2. 情感激励，贴近学生的内心

俗话说"为人师表"，对于学生而言，班主任是学生进行学习和模仿的重要对象。在情感激励中，班主任要用爱心、耐心和责任心，建立平等融洽的师生关系。要通过"以情育人""以情感人""以情动人"的管理措施，对学生起到重要的激励作用。在进行榜样激励的应用中，教师要以自身为榜样，努力提高自身的业务能力和综合素养，使自己成为一名优秀的班主任。

在情感激励的过程中，教师要充分掌握和关心学生的学习情况，充分信任学生的人格，鼓励学生发挥自己的长处，从而深入了解学生的思想情况。教师除了要用一颗宽容的心去看待学生的错误之外，还要用客观、公正、全面的发展思想，充分保护学生的自尊心。例如，在对学生的批评中，不能偏袒好学生，责怪差学生，而是要在全面了解事实的基础上，进行客观公正的分析，让

学生能够健康成长。让情感教育融入批评教育，起到良好的激励效果。

3. 情趣激励，丰富管理的形式

在中职校园中，为了缓解学生的学习、生活压力。教师要利用当地的地域条件和文化资源，使学生能够参与到各项实践活动中。在丰富管理形式的基础上，创设一个和谐的发展情境，帮助学生找到心灵的慰藉。例如，教师可以组织学生到养老院、救助站，参加一些公益活动。通过做志愿者的形式，使学生能够客观地看待生活中的不幸，从周围的一切，感受生活的价值和意义。教师还可以组织学生到郊外，进行现场诗歌朗诵，要抓住学生的情趣闪光点，保持循序渐进的情趣激励手法，使学生能够将生活中的各种经历作为一个发展榜样，鼓励他们不断进步、不断完善自己。

4. 榜样激励，建立身边的榜样

在一个班级中，榜样的激励其实无处不在。因此，班主任应该具有强烈的管理意识和责任意识，要在树立典型示范作用的基础上，使学生能够拥有学习模范的动机。教师要抓住班级学习的特点，运用最便捷的手段，在学生身边挖掘一批有道德、成绩好、有特长的优秀学生。并以小组为单位，建立"结对子"帮扶小组。鼓励学生在具体的学习工作中保持良好的学习动力，在小组的团队合作中，感受到他人的优点和自己的缺点。然后通过扬长避短的形式，正确地认识和看待自己。这样一来，他们即使在挫折面前，也能够保持理性的处理办法。教师还可以通过制定榜样激励教学规章的手法，借助于"班级干部轮流制"的教育手法，使学生能够具备独立学习的能力，实现自我约束和自我监管，实现良好的学习动能，更好的处理自己遇到的矛盾和压力。

四、总结

综上所述，班主任作为一名基层管理者，要针对学生的实际情况，进行因人而异、因地制宜的榜样激励措施。除了日常的教学模式之处，还需要进行全面的德育教学。通过特定的思想教育理论模式的引导，促使榜样激励的应用变得更加具体，在满足职业教育发展需求的同时，提高学生的道德认识能力和综合素养。要将正确的思想和观念传输给学生，使他们能够拥有健全的思想意识，加强教师和学生之间的沟通和理解，充分解决学习上的障碍，推动学生的学习需求和发展欲望。使中职学生能够在学习过程中，达到科学、具体的发展目标，进一步提升中职班主任工作的教育成效。

参考文献

［1］韩天平.中专学校班级管理存在的问题及对策［J］.甘肃教育，2011
（1）：30–31.

［2］杨建科.中职学校班主任工作的难点问题及解决策略初探［J］.中国科
教创新导刊，2011（17）：102–113.

［3］孙枝莲，胡卫平.新课改下的教师教育观念现状研究［J］.内蒙古师范
大学学报（教育科学版），2005（8）：79–86.

［4］张丽莉.中职学校加强实践性教学面临的问题及对策［J］.煤炭高等教
育，2003（3）：54–76.

（2017年3月22日）

以对待朋友的方式对待学生

佛冈县职业技术学校　范方初

从教将近十年，我已从一个懵懂的教育者逐渐成长起来。但在我心目中，一直坚守着一个信念，要做好教育，就必须关心、尊重、爱护每一位学生，以对待朋友的方式对待学生。人人平等的思想一直扎根在我心中，在我看来想要成为一名成功的教师、上好一节成功的课，绝对离不开融洽的师生关系。因此，作为教师，如何经营好师生关系，对我们的教学变得尤其重要。中等职业学校的学生年龄大多在15至18岁，正值青春发育期，学生希望受到尊重，希望摆脱他人认为他们还是小孩的看法，所以，在我看来，我们老师应该"以对待朋友的方式对待学生"。

一、尊重学生

当今社会，所有人都希望得到别人的尊重，已为人父的我，就深有体会，我的儿子不管是在小学一年级读书阶段，或是幼儿园读书阶段，抑或是0至3岁阶段，他都一直需要父母、老师的关注和尊重。假设他对你提问，你没有及时的回答，他会变得不开心，会缠着你。同样，我们的中职学生肯定也都一样，因此，我们在处理师生关系的时候，务必把尊重学生放在第一位，只有让学生感受到教师对他们人格的尊重，他们才能感受到师生的平等，才能把课堂真正当作自己学习活动和发挥聪明才智的所在，进而产生学习的积极性和主动性。这样，对于我们的教育、教学、日常管理工作的顺利开展都能起到事半功倍的效果。

传统的师生关系，往往是教师高高在上，学生低声下气。但社会在发展，传统的师生关系也会存在弊端，教师不是法官，学生不是被告，双方是完成教育教学任务的统一体，利益是共同的，目的是一致的，没有理由不相互尊重。在我们现实中一些学生对教师的不礼貌行为，究其原因，常常是由教师造成的。受旧观念影响，教师往往唯我独尊，遇事不去设身处地地替学生着想，不注意体会学生的思想感情，只凭主观印象办事，独断专行，滥用职权，结果造成学生心里极为不满，出现抵触行为，甚至在背后议论教师、给教师起绰号等等。反过来，教师又抱怨学生素质差，戴有色眼镜看后进生，师生关系成恶性循环，致使教师不能顺利开展教学工作，学生也不能很好地学习，双方的利益都受到严重的影响。综合上述，尊重学生，尤为重要。

二、信任学生

"人之初，性本善。"人的本性本来就是善良的，特别是学生。即使有一时的调皮或者贪玩，但本质也不会很坏。因此，作为师者，我们应该站在更高的位置看待、对待学生，多给予他们充分的信任。信任学生，也会让我们老师工作起来更舒心。学生年龄小，好胜心强，他们所做的每一件事总希望能得到老师的肯定，也希望自己能得到老师的信任。因此信任是开启学生心灵窗户的一把钥匙，只有相互信任，学生才会向教师吐露自己的心声，及时反映自己在学习和生活上遇到的困难，教师才能更加深入地了解学生，做到有的放矢，因材施教。对于教师而言，一方面要信任全体学生，相信每一个学生。另一方面在教学过程中，教师要充分发挥每个学生的主观能动性，让全班学生"八仙过海，各显神通"，并多听取学生的意见和建议，不断改进教学方法和管理体制，积极适应教育发展的新形势和新要求。

三、对待学生，要学会倾听

倾听是一项技巧，是一种修养，甚至是一门艺术。学会倾听应该成为广大教育工作者的一种责任，一种追求，一种职业的自觉。莎士比亚说："最完美的说话艺术不仅是一味地说，还要善于倾听他人的内在声音。"当我们在处理学生问题的时候，首先我们不单要对整个事件过程进行了解，同时我们还应该深入学生的心里深处挖掘，他为什么这样做，他的出发点是什么，怎样才能解决他的整个问题。而不是因为学生惹事给自己工作带来麻烦就劈头盖脸的一顿臭骂，这样的处理方法简单粗暴，学生不服，事情也没有解决，得不到根治。

"一千个读者就有一千个哈姆雷特。"每个学生各具个性，对于一些学习问题，他们有自己的思考方法和想法。因而在课堂中，要让学生畅所欲言，发表自己的不同见解，甚至鼓励他们"百家争鸣"，而教师则要用心地倾听，听其全部，不管是响亮的或是轻微的，正确的或是错误的，理直气壮的或是胆怯的。我们都应该站在学生的个性立场去分析问题，这样的思路才会是清晰的，让学生觉得自己得到了老师的器重、认可和尊重，他们也信服老师。

只有倾听，才能了解学生的个性和真实想法；只有倾听，才能捕捉到来自学生的信息，从而做出正确的判断；只有倾听，才能让学生产生信任感，建立和谐的师生关系，实现心灵与心灵的沟通。在教学中，教师是否善于倾听，善于发现学生问答中富有价值和意义的、充满童趣的世界，体验学生的情绪，就成了教师能否组织好动态生成中的课堂教学的重要条件。

四、学会宽容学生

爱是一种宽容。爱学生，就要对学生有一颗宽容之心。学生是成长中的人，在他们身上会有这样或者那样的缺点和错误。面对有缺点和错误的学生，尤其是少数"屡教不改"的学生，教师难免会产生急躁甚至恼怒的情绪，这种情绪也易引发过激的言行，如果不加以克服还可能导致师生之间对立情绪的产生。事实上，学生毕竟是孩子，他们的思想品质、心理素质尚未成熟，教师应该允许他们有这样或那样的不完善。对待有错误的学生，多设身处地为学生着想，弄清他们犯错的原因，然后给予正确的引导。并且要看到学生的行为是有反复性的，不要期望经过一次教育，学生就能完全改正其不良行为和习惯。只要有了点滴的进步，就要给予鼓励、呵护、引导，帮助他们完善成熟。总之，教师应有一种宽容、理解的心态，给学生多一丝微笑少一分严厉，多一层尊重少一点指责，多一些引导少一点约束，学生就会多一点自尊，多一点自信，多一点自由。只有在平等、自由的环境里，学生才能感受到爱和尊重，师生才会融洽相处。

学生是一个社会人，是祖国的花朵，具有较强的自尊心，但同时他们也是最单纯的人。因此，我们应该以对待朋友、对待家人、对待自己孩子的方式去对待我们的学生，与他们建立起亦师亦友的关系。师生之间只有成为平等、关爱、协调的关系，才能让每个学生都能感应到自立的庄严，感应到心灵成长的愉悦，才能培育成为社会需要的高素质的人才。

（2019年3月21日）

你们是我这十年教育生涯最好的礼物

佛冈县职业技术学校　邓凤仪

从2009年到现在，我加入教师队伍整整十年，趁着工作室编辑专著要上交教育案例材料，我对这十年做了个回顾，回忆这十年我所上过的课，带过的学生。发现许多经历已随着时间的流逝而渐渐淡忘，可依然有一些事像树根一样深深地扎在我的心里。同时，我也在问自己，这十年的教育生涯，是什么带给我最大的满足感？是年度的考核优秀？还是学校给予的优秀班主任荣誉？无疑这些表彰都是对我工作的认可。然而，在回忆思绪里这些画面都已模糊，唯独那年春节那几个刚毕业参加工作的学生提着水果出现在我面前的画面带给我持久的感动！

这几个学生是我加入教师队伍作为班主任带的第一个班级里的学生，严格来说，我只做了他们两年的班主任。犹记得，当时成为教师的情形，非师范类学校毕业的工科女生，对教育行业一知半解，没有任何教育理念作为职业基础，因此对接受班主任这个任务诚惶诚恐，再加上自己的性格属于碰上事喜欢自个儿钻研解决，现在想想当时的自我感觉应该是焦头烂额吧？就这样一路坎坷一路歌地做着班主任处理班里的各种琐碎的事。

当时，我的办公室在五楼，估计楼层较高，平时同事们都不太喜欢费劲爬上来办公，因此就成了我找学生谈心，开班干会议的固定地点了。久而久之，学生也喜欢自己主动到我办公室找我聊天，特别是来看我的这几个学生，他们基本上在我值班的时候，晚自修都会到办公室找我聊上一节课。他们会说着班上、家里的各种事，也会说自己最近遇到的烦心事。通过他们，我也掌握了班上的各种动态，同时聊天的过程，我慢慢地也开始观察学生的一些心理状态。说实在的，当时的我并没有太多的经验帮他们分析解决一些事情，我当时只是真心结合我自认为正确的人生观、价值观及世界观给他们做些引导。其实，我并不知道我的引导是否对他们有帮助，只是他们愿意说，我也乐意听，再在适当的时候发表我的观点进行适当的引导，就这样一直愉快地相处着。

当时其中有个男孩子叫阿文，有一天，他到我办公室找我聊天，他说他恋爱了，他的女朋友在普通高中准备考大学，能看出当时他很享受恋爱的这种状态。作为没处理过类似情况并非常传统地认为学生时代不应该谈恋爱的我一边听着一边头脑高速地运转，我应该如何跟学生聊这个非常普遍的话题。最后，我还是选择尊重他，只告诉他这个阶段的恋爱能做什么、不能做什么，给他分析这个阶段的恋爱有可能出现的结果。非常庆幸我当时并没有盲目阻止他，否则，我就破坏了一个学生对我的信任。再后来，他们毕业了，阿文回来找我吃饭，他说他失恋了，他女朋友读大专，他工作，不能走到最后，那次我看到他的手抖得厉害，问他是不是生病了，他说应该是，家人让他去检查，但他却很反感家人说这事，碰巧，我身边也有亲人有这样类似的症状，于是也坚持希望他去检查，他没有作声。不久后，他跟几个学生回来找我聚聚，说他去检查了，在吃药。那一刻，我心里是欣慰的，因为他把我这个昔日班主任的话听进去了。就在我写下这篇文章的前几天，他在微信里跟我说："老师，我跟女朋友准备领证了，到时摆酒要请你过来。"他是这几个学生中最晚结婚的，其他几个都结婚生小孩了。

他们毕业后的这些年，阿文和这几个学生每年都会找个时间回来找我聚聚，聊聊天。他们在人生的重要阶段也没忘记将他们的喜悦与我分享，这是作为教师的我很值得高兴的事。

事实上，原本我打算作为工作室专著材料上交的案例并不是这几个学生的案例。但前几天，我在跟我先生讨论"什么是最成功的教育"时，我脑海出现的就是这几个学生的画面。我在想为什么当时毫无经验和教育理念的我能够赢得学生的信任？我想是我对学生的尊重，也是我对学生真诚的心。因此，"什么是最成功的教育？"的确就是"触动心灵的教育才是最成功的教育！"

"真教育是心心相印的活动""捧着一颗心来，不带半根草去"。陶行知先生的真知灼见，言犹在耳。作为人民教师，本着这样的初心，才能感受到作为教师的幸福！他们真的就是我十年教育生涯最好的礼物。

（2019年3月19日）

立德树人视野下中职学校班会课的探讨

佛冈县职业技术学校　邓凤仪

当前，我国的经济发展进入新常态，时代和市场对我们的人才队伍提出了新的要求。而作为我国未来技能队伍主力军的中职生在新时代背景下应具备什么样的素养，才能适应我们时代的要求？党的十八大报告明确把"立德树人"写进教育方针，坚定而有力地回答了"培养什么人，怎样培养人"这个时代性的问题。中职学校的教育有着其独特的特点，而作为立德树人重要载体的班会课在中职学校的育人工作中发挥着重要的作用。如何利用好班会课这个重要的平台，做好中职学校的"立德树人"工作，培养出中国特色社会主义事业合格的建设者和可靠的接班人是需要我们中职教师在这个问题上进行思考并长期践行的一项工作。

一、班会课在中职学校"立德树人"中的作用

"成长""成人""成才""成功"是我校的校训，校训体现了"立德树人"的时代要求，这些校训能在我们学校醒目可见，同时，学校会定期举行"道德讲堂"讲座，这些举措为学生提供了良好的"立德树人"环境氛围。但毫无疑问能让班主任与绝大多数学生交流的时间还是班会课。然而，很多时候中职学校的教师特别是专业教师在担任班主任的同时还承担着理论课和实操课的上课任务，平时能与班级学生交流的整块时间不多，因此，如何通过精心组织的班会课来实现班主任与学生间的交流、班集体成员间的广泛交流就显得弥足珍贵了。另外，班会课还在一定程度上弥补了学科教育中思想政治教育课的不足，班会课通常由班主任组织召开，相对于科任教师而言，班主任对本班学生更加了解，在对学生的思想教育上更具针对性。可见，班会课在中职学校

61

"立德树人"中有着不可替代的作用。

二、目前中职学校班会课在"立德树人"方面的困境

近年来，不管是上级教育部门还是学校都比较重视班会课，特别是主题班会课，基本上每个月都会布置主题鲜明的班会课，有"感恩类"、有"普及知识类"、有"安全教育类"等等，这些主题班会课在培养学生立"美"德，树"好"人方面立下了汗马功劳。同时，学校政教部门还会对班主任的主题班会课进行评比，很大程度地督促并激励了班主任上好主题班会课。既然如此，那么班会课在"立德树人"上还存在什么样的困境呢？笔者认为需要从以下两方面进行思考。

1. 班会课没有融入课程建设中

我们很多时候会进行专业课程人才培养方案和课程标准的制定建设，却往往容易忽视将班会课当成一门课程进行建设。班会课是思想政治教育课程、职业生涯规划课程等人才培养体系的一个重要补充，是贯穿学生整个中职生涯学习的教育活动，对中职生的人生观、道德观、价值观的形成有着十分重要的导向作用。

2. 班会课的组织形式缺乏创新

我们的专业课教学非常注重"以生为本"的教学，注重整节课的教学内容、教学设计以及教学反思，而班会课（或许主题班会课除外）通常缺乏这些元素，大多数时候是学生被动听，参与程度不够。甚至很多时候班会课上把该布置完的任务布置完就了事了。这样，班主任也就不能在班会课与学生交流过程中发现学生的问题，解决学生的问题，更加难以深层次地剖析学生的心理诉求，不能有效地利用班会课的时间发挥其"立德树人"的重要作用。而往往中职阶段这个时期中职生又是最需要这方面的引导的。

三、以"立德树人"为目标，探寻班会课的有效途径

1. 规范班会课课程建设，使其更具针对性

一方面围绕"立德树人"的目标，将班会课与专业人才培养方案结合起来，纳入课程体系建设，制定相关的课程标准，探讨可行的考核方式。

另一方面由于时代的发展，社会瞬息万变，在班会课内容的选取上要紧跟社会的发展。以往，班会课的内容通常是布置任务，苦口婆心的说教，批评灌输多，表扬疏导少。但显然，这种方式已经不适合当今时代的中职生。由于互联网的发展，现在的中职生接触社会的途径比以往多，复杂的社会现象和网上巨大的信息量，往往会让他们不知所措。因此，班主任在班会内容的选取上最好能贴合国家主旋律，结合对社会现象的讨论分析，帮助学生对信息进行辨真伪，去伪存真，从而引导学生形成正确的价值观。同时，中职学校是为企业培养技能人才的，他们的素质高低很大程度上体现了一个国家劳动队伍的水平，而企业在选人用人上往往将"德"放在首位，继而才是"技能"。这样就需要班主任在班会课上注意将企业的素养要求融入班会课中，与专业课堂形成合力培养适合企业需求，具备良好素养的中职人才，从而更好地为"立德树人"这个目标服务。

2. 精心设计班会课的组织形式

一节与学生心理诉求契合度高的班会课必定能引起大多数学生的共鸣，深入人心。很多时候，由于我们对中职生的能力存在偏见，往往不敢对他们委以重任，导致我们班会课的主要的上课形式还是"班主任的个人演讲"，而且这种演讲往往得不到回应，于是，就有了班主任在讲台上热情激昂，学生在讲台下神情呆滞的尴尬画面。因此，班会课要尽量提高学生的参与度，提高师生的互动性。比如，我们可以让学生担任一节班会课的主讲，教师作为助教辅助学生；在普及知识类班会课的时候可以举行知识竞赛；或者可以通过播放具有教育、时代意义的短片让学生看，结束后让学生参与讨论并发表意见；还可以组织学生到室外举行团队拓展活动；等等。这个过程既锻炼学生组织、口头表达、团队精神等能力，也便于教师观察学生，发现学生问题，挖掘学生能力。从而实现班会课"立德树人"目标。另外，在班会课的辅助技术手段上，我们可以利用微课、多媒体平台以及移动平台为班会课服务，以使我们的班会课以更多样化，学生喜爱的形式呈现。

参考文献

［1］易向新，王宇才.中职教育之立德树人［M］.大连：大连出版社，
2017.

［2］孙晓玲.核心价值观视域下的高职职业素质教育论［J］.中国职业技术
教育，2014（31）：50–55.

（2019年2月21日）

我做过了，我就理解了

连山壮族瑶族自治县职业技术学校　黄时玲

民族地区职校的学生有相当一部分是学习基础比较差考不上高中、想辍学打工但家里人反对的，他们中有些人早早地就放弃了学习，在学校中等着成年后去打工。他们纪律观念差、厌学、崇尚学习无用论，他们有着自己的特长或优势，但却不自信。本文的主人公就是这样一个中职生。

六月，天气开始变得炎热，电工实训室设置在一排板房里，太阳一晒，更是闷热。就算开风扇吹着，我和学生身上还是在冒汗。学生做实操的积极性不高，有的拿着任务书在扇风，有的在小声议论，有的在慢条斯理地剥着绝缘皮、接着导线。我边巡视着学生的实训情况，边鼓励学生积极完成实训任务。当我走到靠墙一组的倒数第二排时，看到小杨靠墙坐在瓷砖地面上，手上拿着一根导线和一把剥线钳，有一搭没一搭地将导线剪得碎碎的掉到地上。我立刻说："小杨，导线和工具不是拿来玩的，而是拿来做实操的。你为什么坐在地上？"他停下了剪导线的动作，嬉皮笑脸地说："地上凉快呀！"我忍着想笑和骂人的冲动好言劝他坐回了座位。"你们组长小罗学得很好，你应该多跟小罗学习学习，自己再动手做做实操，尽量提升自己的技能。"我话音刚落就听到小杨说："老师，我不想学，学了也没什么用！""学习有用！学好了提高自己的技能，将来毕业时就可以找一份好工作呀！"我一说完他就接着话茬说："会开车就行啦！等我毕业买辆三轮车送快递就可以赚很多钱啦，这个这么难学，我学不会，也没有用！"这就是小杨，有点随性、有点小聪明、有点厌学、有点不自信，还有点崇尚学习无用论。当然，他也有优点，他慢条斯理的，时常会帮我提前打开实训室的门和收拾打扫实训室，是个细心和乐于助人的学生。我觉得只要他愿意学应该可以学得不错，于是开始了改变他的尝试。

平时上课与他交流时我就时不时地做他的思想工作。第一步，使他树立起学习的自信心，消除顾虑。跟他说其实他是个细心、聪明的孩子，只要他愿意学、跟着老师的步伐走是可以学得会的，起码基本的理论知识和操作技能是绝对可以学得会的。第二步，使他明白学习的目的，激发他学习的欲望。我告诉他学习的过程是一种锻炼思维、培养做事习惯、处理问题能力的途径，并不单单是为了学技能而学技能，而是要在学习的过程中培养自己做事的能力及品质。上课多动脑筋可以使自己的思维更加灵活。在做实操的过程中需要思考如何才能更好更快地完成一个任务，需要思考优化完成的步骤和成效并动手尝试，在动手的过程中碰到各种问题，在解决问题、不断尝试的过程中提升自己的动手能力、专业技能、做事能力并锻炼形成自己的做事品质。第三步，使他明白要把路走宽，给自己多一个选择。给他灌输技多不压身，多学一门技能多一条路，给自己将来多一个选择的机会。这样一步步地激发他的学习动力。

私底下，我观察到他跟学习比较好的小罗走得很近，比较听小罗的话。于是我找到小罗，要求小罗多做他的思想工作，在做实操时尽量带着他，尽量让他多动手，如果他碰到困难多帮助他。加上平时我就经常鼓励完成实操又好又快的学生多做小师傅，不但帮助了别人也使自己得到提高。因此小罗很乐意地就接受了我的提议，答应会关照小杨。在我和小罗的努力下，小杨逐渐提高了学习积极性，在实训过程中经常跟小罗一起探讨学习。

我校时常会有电工初级鉴定。鉴定前需要根据准备通知单准备鉴定器材，于是我推荐他和小罗及其他几个同学给负责准备器材的老师帮忙。一是在帮忙准备器材的过程中熟悉、巩固学过的知识。二是可以直观地看到鉴定的过程，熟悉鉴定的流程；三是知道鉴定的内容，而这些就是他们平时学的知识，使他知道平时学的知识是有用的。经过一段时间的学习后，当他再去看鉴定所的学员考试时，他竟然跟我说："老师，电工证原来是这样考的呀，也不是很难呀！"听到他这样说我就知道他进步了，心里不由得漾起一丝丝欣慰的感觉。

在一次实操训练课上，我要求他们完成三相异步电动机四点限位控制线路的安装和调试。这个实训除主电路外，控制电路有六条支路，涉及两个交流接触器、一个热继电器、三个按钮开关、四个行程开关等多个元器件。要想成功地实现电路功能，除严格按照接线原则接线外，思路一定要清晰。我常常对学生说："接线时，要一条支路一条支路的接；要假设电流从其中一根相线出发，电流流入端为输入端，电流流出端为输出端，接并联支路时一定要输入端接输入端，输出端接输出端。"但是每次检查时，我总发现有的学生没有把我的话听进去或没有理解透彻我这句话的意思，接并联支路时经常出现输入输出端接反的情况。这次的实操有一定的难度，我估计出错的学生会很多，当检查小杨接的线路时我本来也没有抱太大的希望。我让他先介绍一下他接的线路，他就自信满满地开始了："两个交流接触器并排，左边的是KM1、右边的是KM2，上端输入，下端输出；四个行程开关、三个按钮开关分别并排接在两个接线端上，从左到右分别是SQ1、SQ2、SQ3、SQ4，SB1、SB2、SB3，右端输入，左端输出……"思路非常清晰，检查时也没有出现同学们最容易犯的错误，接并联支路时输入输出端接反，通电试机顺利地实现了电路功能。我高兴地说："不错哦，进步很快，思路很清晰哦！证明你已经理解了我教给你们的接线方法啦！""是呀！在小罗的帮助下我做过多个线路的安装，我做过了，我就理解啦！"他自豪地说。

时代在进步，社会在发展，对学生的品质要求、技能要求越来越高，但我们的学生却有着这样或那样的问题，需要我们结合学生的不同情况，在教育教学过程中挖掘他们的优点或特长，帮助他们克服各种不良的学习习惯和行为习惯，培养符合社会需求的具备良好的品质及专业技能的中职毕业生。

（2019年3月20日）

从"立德树人，立教圆梦"谈谈如何提高
自我职业修养

佛冈县职业技术学校　招翠娇

最近，学校响应习近平总书记的号召，开展了"立德树人，立教圆梦"的师德建设活动，大家都积极参与其中。在这次活动中，我对"教师"这个名词有了更深的认识。

我相信在每一个教师的心中都有一个属于自己的教育梦，而我也有一个教育梦。

我有一个教育梦，我梦想着有一天，学校不再是传统意义上的学校，而是学生的另一个家。教师和学生发自内心地尊重彼此，关爱彼此。在这里学生可以自己去选择自己要学的东西，自己管理自己，快乐地学习，有更多自由的空间，在中国也有一个克拉克学校。

我有一个教育梦，我梦想着有一天，我是一名深受学生爱戴的老师，有过硬的技术和渊博的知识，桃李满天下。我的学生都能从我身上学到做事做人的方法，每一个学生都学有所成，在自己的工作岗位做出自己的贡献，是国家的技术精英骨干。"强避桃源作太古，欲栽大木柱长天"我想这个不仅是前辈杨昌济先生的理想，更是我们每个教育者的理想。

我有一个教育梦，我梦想着有一天，能以自己微薄的力量去影响一代代的学生，改变他们的命运。一个个迷途的"羔羊"通过我的指导，走出人生的误区，重拾自己的未来。

梦想是好的，但是怎么去实现呢？我认为关键是师德。教育其实就是一棵树摇动另一棵树，一个心灵颤动另一个心灵的互动过程。教师在学生心目中，就是具有丰富知识，充满智慧，品格高尚的人，是他们人生可靠的风向标。著

名的教育家板仓先生不仅以他的哲学和伦理学思想，熏陶了毛泽东这个青年学子，更是以他高尚的人格、廉洁的节操和严谨的治学精神，赢得了一代伟人毛泽东的衷心敬佩与爱戴。毛泽东日后称他是"给我印象最深的教师""一个道德高尚的人"。陶行知先生说过："道德，是做人的根本，根本一坏，纵然你有一些学问和本领也无其用处。"因此，教师需以德立教、以身示教。

既然师德这么重要，那么我们怎样才能提升自己的师德呢？

首先，要热爱自己的工作。作为一名教育者必须以教书育人为天职，对自己的工作有强烈信仰和热情。爱自己的工作，才会为此付出，即使遇到苦，也是乐的。在职业学校，教师的成就感和幸福感可能是最低的，因为我们面对的基本都是学困生、问题生，大部分学生都不让人省心。这就更要求我们教师具备更多的耐心和宽容心去管理学生，教育学生。如果对工作没有一份热情，那么你就是一个很不快乐的老师，也很难有所作为。

其次，要热爱自己的学生。职业学校的老师面临的学生问题要比普通中学的复杂得多。中职生普遍存在厌学情绪较重、文化基础相对较差、成功感很少、自暴自弃较多、纪律性不强、自控能力差、行为表现差、多以自我为中心、漠视他人利益等等。他们的歪理很多，没有足够的爱心、耐心和宽容心是很难管理好他们的。但是中职生有一个最大的优点就是讲义气、重感情，如果你是真心对他们好，他们也会对你好，你敬他三分，他会敬你一尺。很多问题学生都是在老师轻言细语、不厌其烦的教导中慢慢改变自己。作为中职教师特别是班主任，要多与学生沟通，理解、尊重和信任学生，做他们的朋友。对他们身上的某些小问题多点包容，多发掘他们的优点，久而久之，学生就会喜欢你、尊重你、听你的指挥。把他们当成自己的孩子或者朋友来关心吧，你会得到回报的。

再次，要以身作则。就好比春雨"随风潜入夜，润物细无声"，教师的一言一行对学生的思想、行为和品质具有潜移默化的影响。孔子说过："其身正，不令而行。其身不正，虽令不从。"教师一言一行，一举一动，学生时刻都在盯着，因此，教师一定要时时处处都要为人师表，为学生做出榜样。凡是教师要求学生要做到的，自己首先应做到；凡是要求学生不能做的，自己坚决不做。严于律己，以身作则，才能让学生心服口服，把你当成良师益友。比如，卫生值日工作不准时，对于男生班来说一直是个让人很头疼的问题，但是如果老师每天都早早去监督，他们就会觉得老师都那么早来，我们怎么可以这么不给面子，久而久之就会养成早到的习惯。

再次，注意教育的方法。著名教育家杨昌济把教育方法主要概括为两种，一是"教授"，二是"训练"。"教授"的目的是为了授予学生以知识，培养其"发达身心之能力"；而"训练"则主要是端正学生的意志和性格的发展方向，使他们养成优良的品质和良好的习惯。我觉得他这种教育方法对我们现在也是有很大的借鉴意义，在传授知识的同时教给学生良好的行为习惯和品德，通过良好的行为习惯和品德来辅助知识的传授，两者结合贯穿整个教学中，可以达到很好的教育效果。中职生学习基础比较差，学习比较容易走神。教师在讲授知识的同时，留意学生的学习状态，发现学生走神时，可以穿插讲一些课外的话题，做做思想工作，学生学习的精神回来了，思想也在不知不觉中有所觉悟。

最后，要自我提升。有品德的老师固然值得尊重，但是德才兼备的老师更容易获得学生的认可。作为一名老师要不断提高自身素质，不断完善自己，开阔自己的视野，以求教好每一位学生。特别是对于职业教育老师来讲，面对日新月异的科学技术和工业生产，必须要不断地及时刷新自己的知识面，学习新技术，提高自己的实操技能，这样我们教出来的学生才能跟得上时代的发展，才能更好地就业，更好地适应自己的工作岗位。明代思想家黄宗羲曾说："道之未闻，业之未精。有惑而不能解，则非师之过矣。"所以，我们一定要与时俱进，孜孜不倦的学习，积极进取，创新教法，并且要做到严谨治学，诲人不倦，精益求精，厚积薄发，不断给学生提供新鲜的"水源"，勿做井底之蛙。

"学高为师，德高为范。"我们学校有很多爱岗敬业的优秀老师，正是有了我们这一群平凡而伟大的教育工作者，我们国家的人才才能源源不断。青年是国家的希望，而教育更是国家希望的希望，让我们立德树人，用一片赤诚之心培育人，用高尚的人格魅力影响人，用崇高的师德塑造人，为国家培养更多合格的高技能人才，圆自己的教育梦，中国梦。

（2018年11月8日）

第三篇

用心教学，自我超越

3

精品教学设计

《用三针法测量梯形外螺纹中径》教学设计

授课教师 黄坚强   班级_____第___周   ___年___月___日

课程	机械加工检测技术	专业	数控	课型	理实一体化
课题	用三针法测量梯形外螺纹中径			课时	1课时（45min）
基本分析及教学策略					

<table>
<tr><td rowspan="1">内容
分析</td><td colspan="5">
1. 使用教材
高等教育出版社，《机械加工检测技术》，崔陵、娄海滨、徐宇明主编。
2. 所属章节
项目四任务二测量梯形螺纹。
3. 教学内容
用三针法测量梯形外螺纹中径。
4. 教材处理
《用三针法测量梯形外螺纹中径》项目内容是本课程的一个标志性的内容，具有较高的技术含量，是上节检测普通螺纹中径的深化，为后续综合测量奠定基础。要求教会学生在加工梯形螺纹时，应用公法线千分尺和量针对梯形螺纹加强过程检测，保证加工精度。本课题的学习，将有效提升学生在实习、技能竞赛和就业后加工梯形螺纹的技能水平。
根据学生的接受能力，把本节内容的课时做如下的安排：
本项目内容分两个课时完成：
</td></tr>
</table>

测量梯形外螺纹 { 梯形螺纹理论知识学习　　　　　　　第一课时
　　　　　　　　 { 用三针法测量梯形外螺纹中径　　　　第二课时

本教材是"十二五"职业教育国家规划教材，严格执行最新国家标准，内容突出实用性，可操作性强，值得推广。为此，本人自编了本教材的配套课程教学设计，有效提升了本课程的教学质量。

本教学内容可通过微课和思维导图展示三针法测量的操作步骤，通过UMU互动平台反馈教学效果，信息化技术亮点纷呈

学情分析	教学对象	三年制中职数控专业一年级学生。班级小组合作学习课堂模式已成型，组长具备一定的组织和引导能力		
	知识储备	学生已经学习了极限配合的基础知识，学习了梯形螺纹的相关理论知识。但对所学理论知识的应用能力较差，害怕查阅参数及计算		
	素质条件	1. 学生思维活跃，求知欲强，创新意识强，敢于挑战，具有较好的职业行为习惯和安全意识。 2. 个别学生的学习动机不强，存在厌学现象；少数学生缺乏自信，害怕问老师		
	技能基础	掌握了机械测量工具的基本应用技术		
	认知特点	学生倾向于体验式教学活动，擅长动手操作，喜欢团体协作，善于模仿后进行创新		
教学目标	知识目标	学会在手册上查阅梯形螺纹中径的相关参数，并算出中径的极限尺寸		
	技能目标	掌握运用三针法检测梯形外螺纹中径的方法和步骤		
	情感态度目标	形成良好的团队协作精神、严谨细致的职业习惯、精益求精的工匠精神和积极进取的创新精神		
教学重点	教会学生检测梯形外螺纹中径		解决重点	微课示范 教师示范讲解 思维导图引导
教学难点	根据梯形螺纹公差带代号在手册上查阅螺纹相关参数及数据处理		难点突破	导学案引导 小组探究
教法学法	本节课在"以学生为中心教学法"的理念指导下，运用"任务驱动法""小组合作"等教学方法，结合运用"模仿法""分步法"等学法以达到本节课教学目标			
教学准备	1. 制定导学案，引导学生寻找和利用学习资源开展自主学习。 2. 精心备课；编写导学案；制作辅助教学PPT、微课；小组合作学习课堂评价表；对工件预先测出结果，以验证学生的测量结果；应用UMU互动平台设置学生反馈问卷。 3. 教具准备。 ①公法线千分尺（25～50mm）； ②量针（3.106mm，1级精度）； ③梯形螺杆			

续　表

教学主要环节	教学内容	教学实施		教学意图
		教师活动	学生活动	
营造氛围（3min）	核心价值观培育，调动学习积极性	营造学习氛围	报组名和口号或讲践行价值观小故事	培育价值观
专业思想培养（3min）	用"感动中国人物"林俊德院士的事迹进行专业思想培养	用PPT讲述林院士的事迹	倾听，思考	调动学习积极性
创设情境（2min）	讲述2013—2015年我校参加市技能竞赛，《车加工技术》项目中的梯形螺纹加工基本上没拿到分的情况	1.展示2015年梯形螺纹竞赛零件，讲述付出没回报很可惜。2. PPT和实物展示，导入本次实训的任务：检验学生工件的梯形螺纹是否合格	1. 倾听，思考2. 读图，回答问题	提出任务
小组讨论（5min）	小组合作探究，完成导学案的课前内容（查参数、小组分工）	检查导学案的完成情况，提问（举例查螺纹参数）	讨论，回答问题	实施准备
微课展示理论和实操（6min）	1. 讲述三针法测量梯形外螺纹中径的原理。2. 选择测量工具，以Tr36x6–7e为例。（1）根据被测梯形螺纹的公称直径（36mm），选择25～50mm的公法线千分尺（2）根据梯形螺杆的螺距（6mm）选用最佳量针，查教材附表16确定标准量针的直径（d_0=3.106mm）	1. 用微课展示三针法测量中径的原理和操作步骤。2. 引导选择测量工具	1. 理解、思考2. 熟悉测量工具	理论和实操指导
教师示范（3min）	三针法测量梯形外螺纹中径的步骤举例：Tr36x6–7e	1. 用PPT（思维导图）展示三针法测量梯形螺纹中径的步骤。	1. 认真观察	示范引导

教学主要环节	教学内容	教学实施		教学意图
		教师活动	学生活动	
教师示范（3min）	1. 将量具和被测螺纹清理干净，校正公法线千分尺的零位。 2. 将三根量针放入梯形螺形牙槽中，旋转公法线千分尺的微分筒，使两端测头与三针接触，读出尺寸M。 3. 在同一截面相互垂直的两个方向上测出尺寸M，并取$2 \sim 5$个测量点记录数值。 4. 对实验数据进行处理，计算测量数据的平均值，代入公式$d_2 = M - C_{30}$，求出被测梯形螺纹的中径值d_2，其中C_{30}可查阅附表16获得。 5. 判断梯形螺纹是否合格	2. 实物示范测量步骤。 3. 提醒注意事项 （1）清理螺杆毛刺； （2）量针放置正确； （3）在同一截面相互垂直的两个方向检验数据的准确性； （4）插入量针后，千分尺与工件轴线是垂直关系	2. 掌握要领	规范操作
学生操作（14min）	1. 学生小组合作完成检测梯形螺纹中径的任务。 2. 小结操作注意事项	1. 强调操作安全。 2. 观察学生操作，对各小组进行过程性评价。 3. 巡堂辅导，表扬先进，鼓励待优生。 4. 教师小结操作注意事项。 5. 核对学生的测量结果	完成梯形螺纹的检测任务。可利用思维导图明确操作步骤	实施任务评价激励
成果展示（3min）	1. 根据评价结果点评各小组课堂表现 2. 让优秀小组代表展示成果，分享成功经验	1. 对学生的测量和表现进行点评和小结，表扬先进，鞭策后进。 2. 宣读优秀小组和优秀学员名单	1. 参与分享成功经验 2. 质疑和提问	完成任务反馈分享

教学主要环节	教学内容	教学实施		教学意图
		教师活动	学生活动	
课堂小结（2min）	小结学生课堂表现、实操效果	1. 提醒注意细节和技巧。 2. 表扬先进、鞭策待优。 3. 听取学生意见反馈	听讲，反思	巩固提升
保持迁移（2min）	1. 作业：填写实训报告。 2. 利用网络了解三针法测量的其他应用	提供指导	1. 完成实训报告内容。 2. 完成拓展任务。 3. 收拾、维护工具、量具	学以致用
学生反馈（2min）	对本节课的教学效果进行评价反馈。（也可以在课后进行）	应用UMU互动平台和微信收集学生反馈意见，以改进教学	应用UMU平台的分享功能在微信中回答问卷	收集意见，改进教学
板书设计				

项目四　用三针法测量梯形外螺纹中径

1. 任务描述

2. 三针法测量梯形外螺纹中径的原理

3. 测量步骤

4. 评价结果

（1）优秀小组

（2）优秀个人

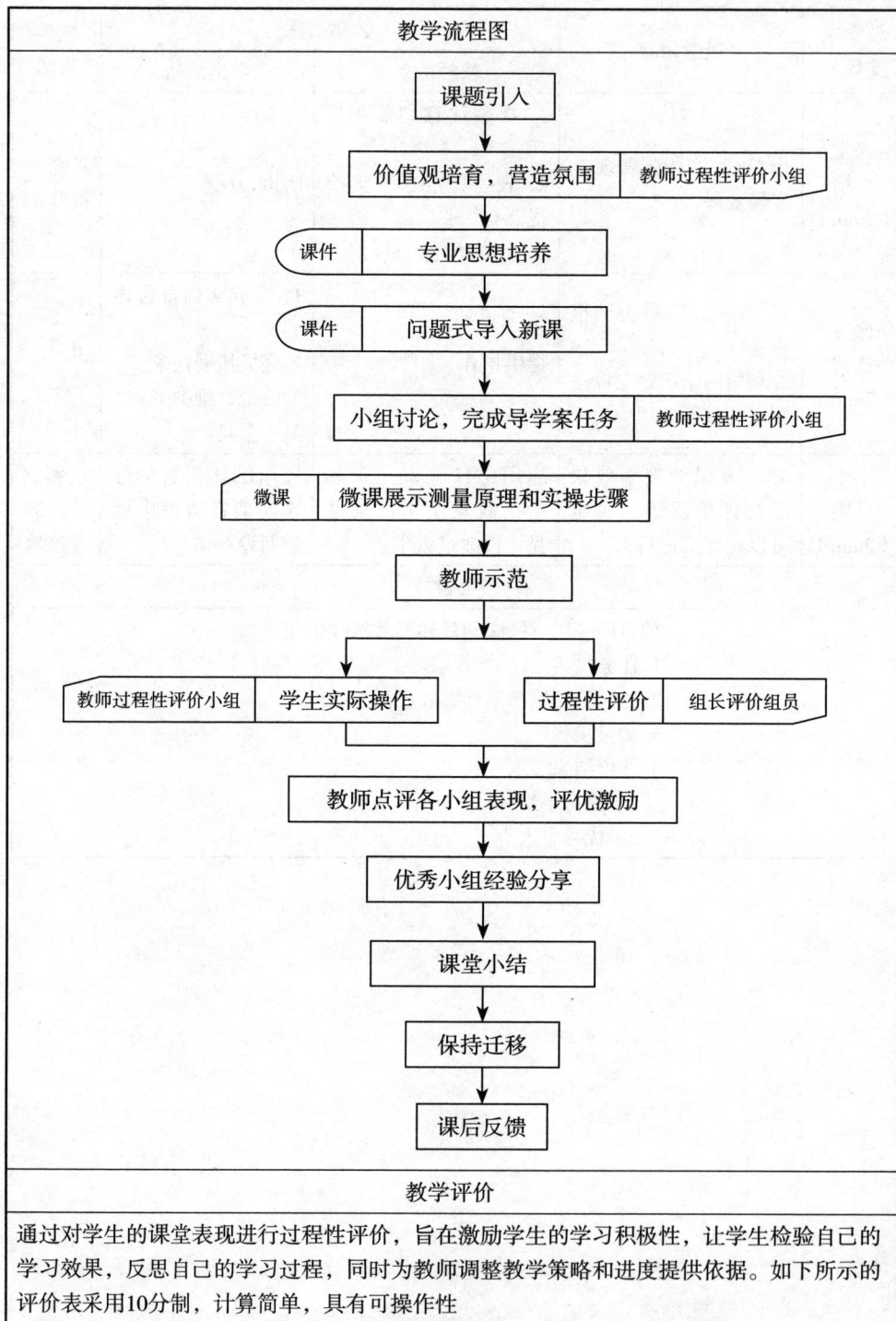

教学流程图

课题引入

↓

价值观培育，营造氛围　　教师过程性评价小组

↓

课件　专业思想培养

↓

课件　问题式导入新课

↓

小组讨论，完成导学案任务　　教师过程性评价小组

↓

微课　微课展示测量原理和实操步骤

↓

教师示范

↓

教师过程性评价小组　学生实际操作　　过程性评价　组长评价组员

↓

教师点评各小组表现，评优激励

↓

优秀小组经验分享

↓

课堂小结

↓

保持迁移

↓

课后反馈

教学评价

通过对学生的课堂表现进行过程性评价，旨在激励学生的学习积极性，让学生检验自己的学习效果，反思自己的学习过程，同时为教师调整教学策略和进度提供依据。如下所示的评价表采用10分制，计算简单，具有可操作性

_____班小组合作学习随堂评价表（教师评小组）

教师_____　　　_____年___月___日

组别	精神面貌（1分）	学习过程（随堂评价）				学习结果（2分）	总分	排名
		学习态度（2分）	讨论回答（2分）	展示（2分）	其他（1分）			
第一组								
第二组								
第三组								
第四组								
第五组								
第六组								

小组合作学习组员评价量规（组长评组员）

第___组　　　　组长_____　　　　_____年___月___日

评价项目	评价标准	分值				得分 学生姓名				
		4	3	2	1					
参与	该组员能参与到自己的项目中	总是	基本上	有时	很少					
倾听	该组员在项目实施过程中听取老师或其他同学的观点	总是	基本上	有时	很少					
帮助	该组员在项目实施过程中乐于助人	总是	基本上	有时	很少					
问题	该组员在小组内进行交流、讨论提出自己的观点	总是	基本上	有时	很少					
反思	该组员在小组内交流，对自己的观点提出辩护并对自己的观点进行反思	总是	基本上	有时	很少					
尊重	该组员在项目进行中能尊重他人的观点和努力，并乐于交流新发现	总是	基本上	有时	很少					
及时完成任务	操作步骤正确、及时完成，工具摆放整齐	总是	基本上	有时	很少					
合计										
排名										

教学反思
本节课积极践行"以生为本"的职教理念，整个课堂组织严谨、气氛活跃，通过"做中学、学中做"，大部分学生都达到了预期的教学目标，能完成加工梯形螺纹时运用三针法检测其中径的要求。 （1）优点：①善用导学案让学生在课前、课间和课后进行自主学习，提升了学习能力；②教学环节中融入了价值观培育、专业思想培养、微课展示、思维导图等教学手段，注重工匠精神、创新精神等职业素养的渗透教育；③过程性评价贯穿始末，教师指导适可而止，充分调动积极性。 （2）不足之处：①分组训练时每组都有个别学生对本节课技能掌握不到位；②制作微课的录制技术欠缺，导致显示读数的清晰度不够及图片显示不够生动、逼真等。 （3）改进措施：①进一步加强信息技术的应用，提高教学效果。如截录视频展示林俊德院士的事迹，丰富微课的动画元素，提升微课制作的拍摄技术等；②利用微信或QQ群进一步跟踪辅导学习能力较弱的学生，以促进学生的均衡成长

附：

《用三针法测量梯形外螺纹中径》导学案

班级_____　　　姓名_____　　　　　学号_____

任务一：读下面梯形螺杆零件图，回答问题（课前完成）

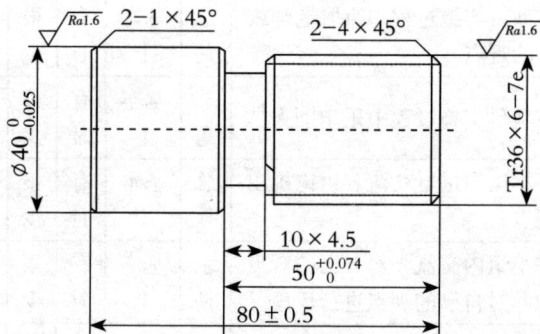

梯形螺杆零件图

1. 解释螺纹标记 Tr36x6-7e

Tr表示_____螺纹，36是螺纹的_____，6是螺纹的_____，7e是螺纹的_____，此螺纹是_____线螺纹。

2.根据螺纹标记确定梯形螺纹中径的极限尺寸

（1）查教材书附表12，得螺纹中径d_2＝_____mm。

（2）根据公差带代号7e，查教材附表13，得基本偏差（上偏差）es＝_____mm。

（3）根据螺纹的公差等级、公称直径和螺距，查教材附表14，得中径公差Td_2＝_____mm。

（4）计算中径的下偏差$ei＝es-Td_2$＝_____mm。

（5）螺纹中径标注为：_____

中径的上、下极限尺寸为：d_{2max}＝_____mm　　　d_{2min}＝_____mm。

任务二：任务的角色分配（组长课前完成）

实验任务分配表

姓名＼角色	千分尺对零测量（两人合作）	查数据C_{30}	数据记录和处理	教具收拾
组长				
成员1				
成员2				
成员3				
成员4				

任务三：填写实验工具清单（课间完成）

1.根据被测梯形螺纹的公称直径_____mm，选择测量范围_____mm的公法线千分尺。

2.根据梯形螺杆的螺距_____mm选用最佳量针，查教材附表16确定标准量针的直径d_0＝_____mm，中径参数C_{30}＝_____mm。

实验工具清单

序号	名称	规格	数量/组	备注
1	梯形螺杆轴			
2	公法线千分尺			
3	量针			

任务四：实验数据记录和处理（课间完成）

实验数据处理表   单位：mm

零件名称			测量者		日期		
件号	测量项目	螺纹代号	螺纹中径	中径极限尺寸	测量数值（M）	测量平均值（M）	螺纹中径值 $d_2=M-C_{30}$
	梯形外螺纹中径	Tr36x6-7e		$d_{2max}=$ $d_{2min}=$	测点1		
					测点2		
					测点3		
螺纹中径是否合格							

任务五：完成报告

1. 完成实训报告。

2. 反思本次实训的成功与不足之处。（课后拓展题）

《螺纹——螺纹的画法》教学设计

授课教师 <u>李倩</u>　　班级_____　　第___周　　_____年___月___日

课程	机械制图	专业	数控	课型	理实一体化
课题	螺纹——螺纹的画法			课时	1课时（45min）

<table>
<tr><td colspan="3" align="center">基本分析及教学策略</td></tr>
<tr><td>内容
分析</td><td colspan="2">1. 使用教材：《机械制图》系"十二五"规划教材，由魏增菊、刘春霞主编，北京科学技术出版社出版。本教材包含11个章节，本课选自第7章"标准件和常用件"的第一部分内容。
2. 教材处理：《螺纹——螺纹的画法》内容是机械制图这一门课程"标准件和常用件"最基本的一个零件画法，也是在现实中最常用的一个零件，所以，掌握它的画法对后面学习装配图是非常重要的基础</td></tr>
<tr><td>学情
分析</td><td colspan="2">1. 学习本章前，大部分学校的学生未学习过机械零件知识，因此学习这些常用件是从零开始，有一定难度。
2. 螺纹的画法规定很具体，按规定画螺纹并不难，难的是熟练掌握，这要有一个实践和练习过程。
3. 掌握常用件简化画法、规定标注等特殊表示法，就能提高绘图效率，要认真学习，努力掌握</td></tr>
<tr><td rowspan="3">教学
目标</td><td>知识目标</td><td>掌握内外螺纹的画法规定，熟练读懂螺纹的零件图。为螺纹连接的画法及读懂螺纹连接装配图打下基础</td></tr>
<tr><td>技能目标</td><td>通过录像、参观，培养学生兴趣，让学生积累感性认识，为今后到实习车间实习打下基础</td></tr>
<tr><td>情感目标</td><td>培养学生认真严谨的学习作风，提高学用结合的技能，增强学生成为技术能手的信心</td></tr>
<tr><td>教学
重点</td><td>内、外螺纹的画法规定</td><td rowspan="2">解决措施</td><td rowspan="2">主要采用演示法，运用直观教具及多媒体课件，启发学生的思维，通过教师的分析讲授，板书作图，让学生较快地获取知识，掌握技能</td></tr>
</table>

(表格续)

教学难点	保证内外螺纹规定画法中线型的标准性		
教法学法	演示法、讲授法、归纳法	教学准备	多媒体课件、挂图、模型、圆规、三角板

续表

教学过程		
教学环节	教学内容	教学形式
复习（3min）	出示螺纹教具模型 老师：上节课我们已经认识了螺纹，确定螺纹结构形状有哪几个要素呢？（提问） 师生一起回答：牙型、直径、线数、螺距（或导程）、旋向五个要素。 老师：那么，对于结构复杂的螺纹，哪位同学能准确地把它真实表达出来呢？（绘图高手）	上课讲述后提问，引发学生思考并回答。向学生提出解决办法，激发学生的求知欲
导入新课（2min）	因为螺纹紧固件是一种标准件，各结构要素已经标准化，所以只要按照《国家机械制图标准》的规定画出，并按照规定格式标注，就能清晰地表达出来了。 （引入）本节课我们来学习螺纹的画法规定	板书讲述
新课教学（35min）	（板书）螺纹的画法 1.外螺纹的画法规定（板书） 播放录像，让学生仔细观察外螺纹的形成过程。 观察结果：先加工成圆柱（大径），再加工成外螺纹（小径形成）。如下图所示。  外螺纹加工图 板图：（1）先加工成的圆柱（大径）视图均为粗实线，左视图不画倒角，如下图所示。 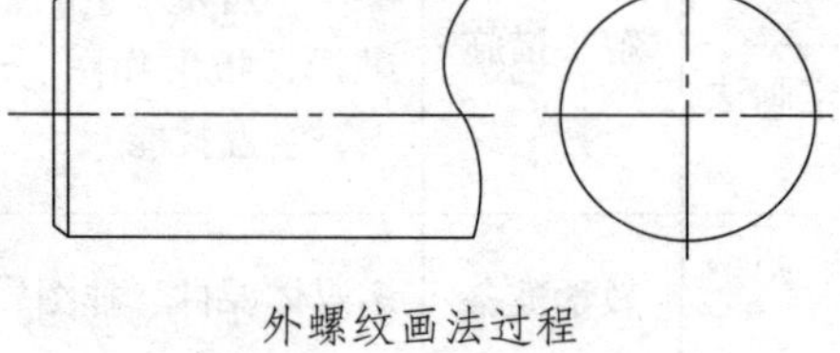 外螺纹画法过程	演示：播放录像展示给学生看，引起学生的兴趣。 板书：出示教学挂图

教学环节	教学内容	教学形式
新课教学（35min）	（2）螺纹形成，确定终止位置，终止线用粗实线，后形成的小径轴向视图绘细实线（注意画进倒角），垂直轴线的视图用3/4细实线圆，如下图所示（在外螺纹加工图上完成）。 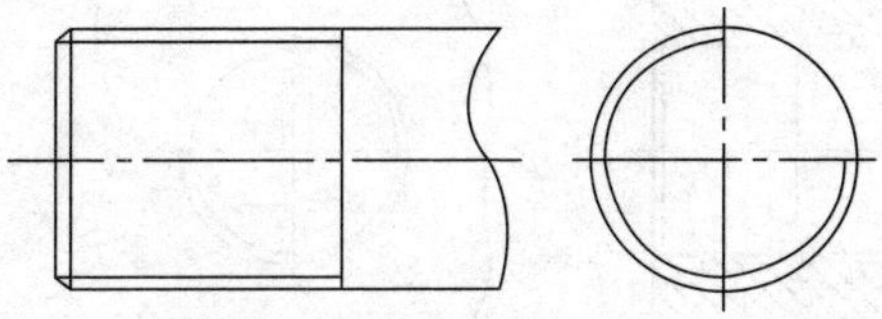 外螺纹画法 2.内螺纹的画法规定（板书） 播放录像，让学生仔细观察内螺纹的形成过程。 观察结果：先加工成圆柱孔（小径），再加工成内螺纹（大径形成）。如下图所示。 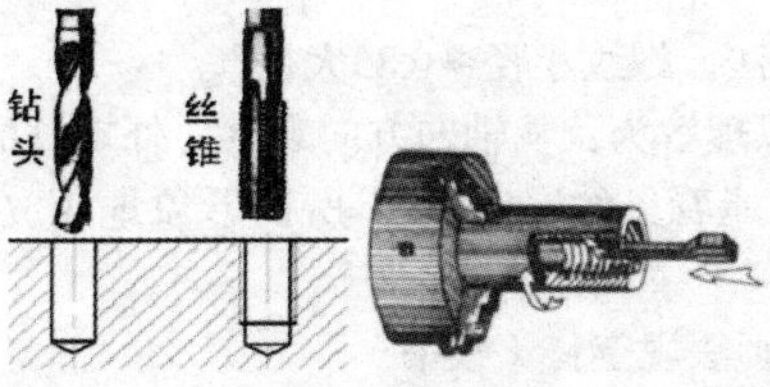 内螺纹加工图 说明：对未剖的螺纹孔，螺纹均画成虚线 板图：（1）先加工成的圆柱孔（即小径）视图均为粗实线，并完成剖面线，如下图所示。 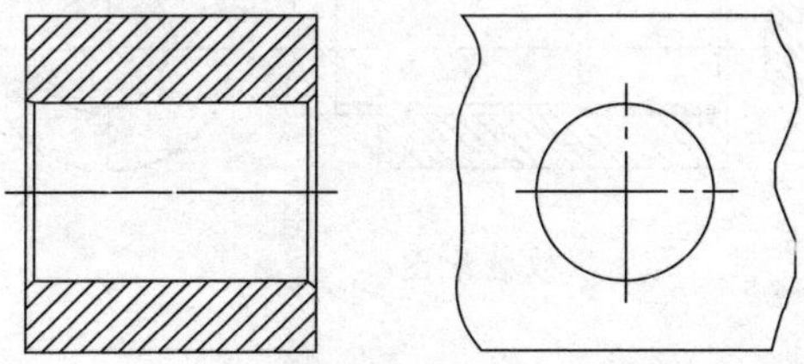 内螺纹画法	板书：挂图讲解分析螺纹的画法规定 讲述 引入问题 学生思考 老师作图

教学环节	教学内容	教学形式
新课教学（35min）	（2）螺纹孔形成，确定终止位置，终止线用粗实线，后形成的大径在轴向视图绘细实线（注意不能画进倒角），垂直轴线的视图用3/4细实线圆，如下图所示（在内螺纹画法上完成）。 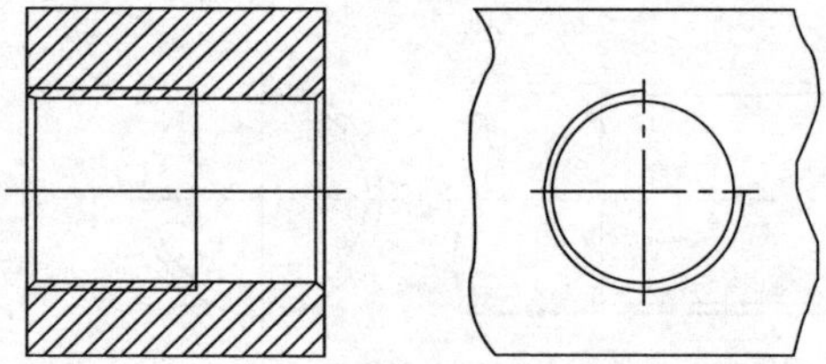 内螺纹画法 师生一起小结： 1.按加工形成过程，内、外螺纹的规定画法如下： （板书）①终止线——粗实线 ②内、外径——先加工形成直径为粗实线 2.按手触摸法，在黑板上方中间板书大字体——手指触摸之处粗实线绘之。 说明：①按比例画法，螺纹小径≈0.85大径 ②3/4细实线圆可以理解为：从轴向方向观察，外螺纹的小径，内螺纹的大径，只能看见约3/4个圆，所以形象地用3/4圆来表示。 3.内外螺纹连接的画法规定：（板书） 国际规定，在通过轴线的剖视图中表示螺纹连接时，其旋合部分应按外螺纹的画法表示，螺杆不剖。其余部分仍按各自的画法表示，在垂直轴线的剖视图中，螺杆也要剖。 板图：如下图所示。 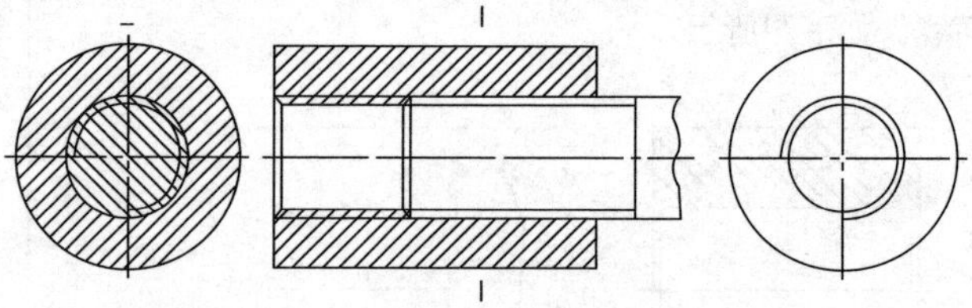 螺纹装配图 4.课堂练习 出示小黑板，让学生把小黑板上的螺纹画法错误的地方指出并改正，如以下三张图所示。	讲述 板书 板书： 讲述，画图，与学生一起总结，让学生思考

续 表

教学环节	教学内容	教学形式
新课教学（35min）	（1） 课堂练习1 （2） 课堂练习2 （3） 课堂练习3	巩固练习，反复记忆，学以致用
小结（3min）	画外螺纹的牙顶（大径）用粗实线表示，牙底（小径）用细实线表示。画内螺纹的牙顶（小径）用粗实线表示，牙底（大径）用细实线表示。画螺纹连接部分时，一般采用剖视图，在图上，旋合部分按外螺纹画，未旋合部分各自按原规定绘制	学会总结与反思
作业（2min）	1. 习题集：P111.7－1题中，题3、4；P112.7－1题中，题7 2. 思考题：思考教材P168.思考题7－1	巩固提高，加深学习

《智力抢答器》教学设计

授课教师 <u>招翠娇</u> 班级____ 第___周 _____年__月__日 星期___

课程	FX系列PLC的指令系统及编程方法	专业	机电	教学对象	中职二年级
课题	项目五 智力抢答器	课型	理实一体化	课时	4课时
教学内容分析	智力抢答器项目是从第4章第3节PLC常用基本单元电路的编程举例提选出来的应用项目，考核学生是否对PLC常用基本单元电路能够灵活掌握，承接项目四电机正反转控制的内容，是对项目四的进一步提升，并为项目六闪烁灯控制做铺垫				
学情分析	本项目的教学对象是机电专业二年级学生，学生已学习PLC的相关理论基础知识，懂得接线的方法，能够熟练运用编程软件，有一定的编程基础。但对所学理论知识的应用能力较差，不能灵活运用基本编程电路，编程思路较乱				
教学目标	知识目标	掌握并灵活运用基本电路环节；掌握抢答程序的设计方法和步骤，完成抢答器程序设计和硬件连接			
	能力目标	理解程序设计方法，综合运用已有知识解决问题；硬件操作遵循规范			
	素质目标	体验实践中的成功与挫折，培养学生团体协作能力和交流沟通能力，感受团队协作的快乐，培养学生注意观察、思考、动手、分析、总结的良好习惯			
教学重点	掌握抢答程序的设计方法和步骤	突出重点的方法		分步讲解 小组探究	
教学难点	能够根据控制要求和外部设备，灵活、合理地设计I/O分配，进行正确的PLC硬件接线	突破难点的关键		示范讲解 小组探究	
教学方法	任务驱动法、小组探究法	教学手段		课前导学案 微课导学	
教学准备	1. 制定导学案，引导学生自主学习，提前做好项目准备。 2. 编写教学设计，制作辅助教学PPT和微课，小组课堂评价表 3. 教具准备 （1）按钮模块；（2）显示灯模块；（3）PLC实验平台；（4）导线				

续　表

教学过程				
理论设计（2课时）				
教学环节	教学内容	教学实施		教学意图
		教师活动	学生活动	
知识准备 （10min）	1. PLC常用基本单元电路有哪些（启动、保持和停止电路，电动机正反转控制） 2. PLC在程序中如何实现自锁与互锁	1. 复习编程基本电路环节； 2. 制作基本电路环节微课视频，供学生回看，复习	思考，回答问题	温故知新，为后续的编程做铺垫
创设任务情境 （10min）	1. PPT展示电视抢答节目，对比抢答的方式，哪种比较好 主持人：最近学校要搞知识竞答活动，其中有抢答的环节，我现在需要做一些抢答器，这样就可以避免举手抢答不公平的问题，你们可以帮我设计吗？ 学生：请问你有什么具体的要求吗？ 主持人：我的具体要求是：抢答分3组进行，每组一盏灯，竞赛者若要回答主持人所提问题时，须抢先按下桌上的按钮，对应的指示灯亮。先按下按钮的灯亮，后按下按钮无效。完成抢答后，主持人按下复位按钮，所有灯熄灭，可再次进行抢答。 学生：好的，我们回去设计好再交给你	1. 用PPT展示抢答节目，对比两种抢答方式（举手抢答、抢答器抢答），说明抢答器设计的必要性 2. 提出任务	1. 倾听，思考 2. 回答问题 3. 接受任务	用实际问题激发学生求知欲，明白学习课程内容的意义（即有什么用、做什么）
小组分工 （5min）	1. 程序员——I/O分配、梯形图，文件管理； 2. 操作工——外部接线图，接线，安全管理； 3. 项目组长——团队的管理与协调，项目验收	指导，倾听	分好工，明确各自的任务	培养团队协作能力，角色扮演

89

教学环节	教学内容	教学实施		教学意图
		教师活动	学生活动	
任务探讨（20min）	智力抢答器任务分析： 1. 分3组，每组一个按钮控制一个显示灯 （1）输入输出口分配： 例： 输入： X1——1组抢答按钮 X2——2组抢答按钮 X3——3组抢答按钮 输出： Y1——1组抢答显示灯 Y2——2组抢答显示灯 Y3——3组抢答显示灯 注：输入输出口可根据自己的实际需要自行选择。 （2）启动、保持环节： 启动、保持梯形图 （仅供参考） 注：程序要根据自己分配的输入输出口进行编写，输入输出要一一对应。 2. 每组的显示灯不能同时亮，只能亮一个。 互锁环节：	1. 指导学生完成相关导学案内容； 2. 讲评导学案内容： （1）指导学生分析任务，学会把文字转换成梯形图语言； （2）编程思路：分步讲解及要点提示（突破重点）。	1. 小组讨论分析任务的各个环节； 2. 完成相关导学案内容； 3. 听讲与思考；	培养学生独立思考能力，考验学生对知识的联想与灵活应用（怎么做）

教学环节	教学内容	教学实施		教学意图
		教师活动	学生活动	
任务探讨（20min）	 增加互锁环节梯形图 （仅供参考） 3. 主持人，按下复位按钮，所有灯灭。 （1）输入口分配：X0——主持人复位按钮。 注：可根据自己的需要选择X输入口。 （2）停止环节： 增加停止环节梯形图 即总程序（仅供参考）	（3）关键步：I/O分配，程序要与输入输出口一一对应（攻破难点）	4.运用基本电路环节尝试编写程序，并完成设计方案	
方案设计（35min）	1.所需设备； 2.控制要求分析； 3.输入输出口分配表； 4.外部接线图； 5.PLC程序； 6.问题及解决措施	1.发放微课学习视频； 2.巡堂指导，引导学生掌握编程的思路方法	小组分工合作，讨论并完成任务设计方案	养成良好的编程习惯和编程思路，培养学生团队合作能力和独立解决问题的能力

教学环节	教学内容	教学实施		教学意图
		教师活动	学生活动	
方案展示（10min）	小组派代表展示自己的方案	1. 倾听与点评； 2. 鼓励与调度气氛	1. 展示自己的设计； 2. 评价其他组的方案； 3. 修正方案	培养学生表达能力，学会分享

板书设计
项目五　智力抢答器 任务探讨 参考程序：   智力抢答器梯形图 同任务探讨处的"输入输出口分配"（P86）

理论教学小结（5min）	1. 编程思路：①任务分析（把任务分解成若干小任务，学会把文字转换成PLC语言）；②输入输出口分配（关键步）；③程序编写（灵活运用基本电路环节）；④程序整理（把小任务的程序进行整合）。 2. 基本电路环节：启动、停止、保持、互锁

实践检验（2课时）

教学环节	教学内容	教学实施		教学意图
		教师活动	学生活动	
课前任务	学生完成设计方案的相关内容	发放设计方案	完成设计方案	为实训做好准备
要点提示（5min）	要点解析： 1. 安全事项； 2. 接线要点：公共端的解法； 3. 编程要点：步数的设置、内存的清除； 4. 项目验收：注意规范； 5. 发放微课视频（接线示范）	1. 安全事项的讲解； 2. 要点的提示； 3. 播放微课视频	1. 倾听； 2. 自行观看微课视频	培养严谨细致的职业习惯

教学环节	教学内容	教学实施		教学意图
		教师活动	学生活动	
程序编写与接线（30min）	1. 学生使用编程软件自行完成程序的编写与传送。 易错点：PLC型号的选择，步数的设置。 2. 学生利用实验模块板根据自己的接线图，接好线路。 易错点：输出公共端的接法。 3. 运行与调试：学生试运行，并根据结果进行必要的调试。 易错点：某些互锁环节漏掉	1. 安全注意事项提醒； 2. 指导巡视，要点提示	1. 完成程序的编写与接线； 2. 运行结果与调试程序； 3. 组长对组员进行评价	进行过程性评价，调动学习积极性，营造小组竞争氛围
项目验收（25min）	1. 根据验收要求，小组间自评、互评； 2. 各小组进行成果展示，分享经验	1. 检查各小组成果； 2. 倾听各小组汇报	1. 展示成果，并检查其他小组成果； 2. 质疑和补充	分享快乐，借鉴经验，激励积极性
小结评价（5min）	1. 对各小组的成果进行评价与小结； 2. 小组评出优秀组员	1. 对学生成果展示进行点评和小结； 2. 对优秀学生和小组进行表扬	1. 组长评价优秀学员； 2. 倾听与鼓励	善于发现他人之美
布置作业（5min）	1. 完成并上交导学案； 2. 完善并提交设计方案	布置作业	完成作业	知识巩固
拓展任务（10min）	在原有的控制要求上加上以下条件：1组有2人，每人1个按钮，两人中任何1个人按下按钮抢答灯都亮；2组1人，1个按钮；3组2人，每人一个按钮，2人都按下按钮时抢答灯才亮	提供指导	1. 完善设计方案； 2. 完成课后任务	巩固提升

教学评价							
_____班小组合作学习课堂评价表							
教师_____　　　_____年_____月_____日							
	学习态度（10分）	小组分工（10分）	程序规范（20分）	接线规范（15分）	运行结果（20分）	安全意识（25分）	总分
第一组							
第二组							
第三组							
第四组							
第五组							
第六组							
第七组							
第八组							

教学反思
成功之处： 采用微课导学，提高课堂效率，使学生的学习更加灵活；理实一体化教学，知识现学现用，更易掌握知识。通过创设情境，提出任务，任务探讨，讨论方案，展示方案，实践检验等环节，学生的自主学习能力，表达能力，协作能力得到培养。通过任务的细分，让学生掌握编程的思路，养成良好的编程习惯。 不足之处： 对小组合作学习应用还有待加强，应根据学生的学习情况，及时调整教学节奏。 改进措施： 加强过程评价，加强对小组分工的培养，加强细节的教育

附1：

项目五《智力抢答器》导学案

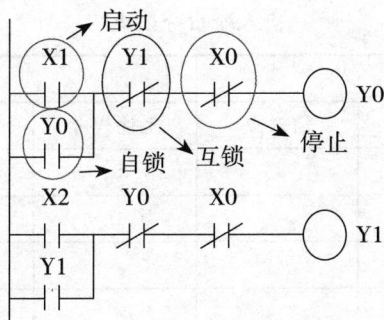

正反转控制梯形图

一、控制任务要求（课前完成）

抢答分3组进行，每组一盏灯，竞赛者若要回答主持人所提问题时，须抢先按下桌上的按钮，对应的指示灯亮。先按下按钮的灯亮，后按下按钮无效。完成抢答后，主持人按下复位按钮，所有灯熄灭。

知识回顾：

常用基本单元电路：启动、保持、互锁、停止（如上正反转控制梯形图）。

二、编程思路分析（课中完成）

请根据下面的控制要求，填好输入输出分配口，并在需要用到的基本控制环节上打"√"。

1."分3组进行，每组一盏灯，竞赛者若要回答主持人所提问题时，须抢先按下桌上的按钮，对应的指示灯亮。"即每组一个按钮，控制一盏灯。

输入分配：＿＿＿＿＿＿＿＿＿＿

输出分配：＿＿＿＿＿＿＿＿＿＿

基本控制环节有：启动、停止、保持、互锁。

2."先按下按钮的灯亮，后按下按钮无效。"即一组抢答后另外的其他两组不能抢答。

基本控制环节有：启动、停止、保持、互锁。

3."主持人按下复位按钮，所有灯熄灭。"即一个按钮停止所有的灯。

输入分配：＿＿＿＿＿＿＿＿＿＿＿＿＿

基本控制环节有：启动、停止、保持、互锁。

三、根据上述分析，把输入输出口分配表填写完整（课中完成）

输入输出分配表

输入			输出		
元件代号	功能	输入点	元件代号	功能	输入点

四、画出梯形图（课中完成）

（备注：该导学案在前一个项目结束后下发，学生须在新项目开始前完成。）

《电子邮件的应用》教学设计

授课教师 __陆奕俊__ 班级_____ 第___周 ___年__月__日 星期____

课程	计算机应用基础	专业	学前教育	教学对象	中职二年级
课题	电子邮件的应用	课型	任务驱动 小组合作	课时	1课时

	教材分析				
	根据《计算机应用基础》教学大纲要求，电子邮件是学生必须掌握的知识点，在生活、工作中更是被经常使用，因此，电子邮件在《计算机应用基础》中占有重要地位。本节内容选自华南理工大学出版社《计算机应用基础》项目三因特网应用的任务二电子邮件应用。操作技能是收发电子邮件。上一任务任务一刚刚学习了获取网络信息的方法，学好本课，对掌握邮件收发，有着至关重要的作用				

	教学目标				
知识目标	认识电子邮件地址的组成，掌握收发电子邮件的操作方法				
能力目标	通过学生的自主探索，培养他们使用电子邮件与他人沟通，获取、交流信息；通过收、发邮件的上网操作实践活动，让学生掌握学会自主或合作的方法；培养学生使用信息技术进行交流的习惯				
德育目标	让学生养成遵守网络道德规范的良好习惯，善用，巧用，妙用互联网				

	教学重难点				
	重点：电子邮件地址及格式 难点：1. 收发电子邮件 2. 附件的发送				

	学情分析				
	授课的对象是173名学前教育班的学生，他们就业的方向是幼儿园或培训机构，熟练掌握电子邮件的操作可以成为他们以后工作的一大助力。知识基础：大多数同学学会了上网冲浪，但不懂得操作电子邮件，甚至不知道电子邮件在实际生活中的作用。心理特点：喜欢操作，厌烦听课讲解，对信息化学习兴趣浓厚。能力特点：表达能力强，思维活跃，技能水平差异大				

续 表

教学策略选择与设计
教学过程以十字架形式设计开展，横向以教学任务为主线，在课本知识结构下识别邮箱地址、收发电子邮件，纵向以德育为主线，将网络信息安全素养渗透课堂教学，横向纵向贯穿其中，逐一突破重难点，完成本节课教学任务。 教学过程，依托UMU教学平台及诺图电子教室来展开

教法与学法
教法：任务驱动，示范教学。 学法：自主探究，小组合作

教学环境及资源准备
媒体准备：多媒体机房、计算机网络、诺图电子教室。 课前准备：上传Flash课件至课程QQ群、上课用的素材、小组学习讨论、电子邮件理论测试等

教学过程（一做，二查，三拓，四结）

1. 做（课前做）

教师活动	学生活动
（1）发布Flash课件，让学生了解整节课的教学任务； （2）根据上一节课要求每个学生申请一个免费邮箱； （3）查看学生完成申请邮箱情况	（1）到课程QQ群下载课件； （2）申请免费邮箱

设计意图	课前发布课件，布置前置作业，可以培养学生养成自学的习惯，提高课堂效率

2. 查（查效果）（5min）

教师活动	学生活动
（1）情景导入： 观看两组图片，教师提问：通过两组图片所表达的传递方式，说出哪一组传递方式更方便、更快捷？引出本节课的教学内容——电子邮件知识； （2）用诺图电子教室广播系统播放教师邮箱地址； （3）发一封打招呼邮件到老师邮箱； （4）巡视学生操作； （5）检查效果	（1）学生观看核心价值观微视频； （2）学生观看图片回答问题； （3）学生发送邮件到老师邮箱

设计意图	（1）检查课前预习情况； （2）吸引学生注意力，提高学习兴趣，引出教学内容

续表

3. 拓（拓技能——突出教学重点）（30min）

教师活动	学生活动
（1）分析上一轮发送邮件失败的原因； （2）教师展示邮件地址格式： 　139×××28028　　@　　139.com 　　　|　　　　　|　　　| 　　用户名　　分隔符　　服务器域名 （3）在UMU平台发布邮件地址命名规则测试题	（1）掌握电子邮件地址命名规则； （2）完成测试，加深对邮件地址命名规则的了解
设计意图	1. 通过分析邮件发送失败原因，引出邮件地址命名规则教学内容，解决教学重点； 2. 通过完成测试题，加深对邮件地址命名规则的理解，为下一轮学习奠定基础

拓（拓技能——突破教学难点1）

教师活动	学生活动
1. 发布微课让学生观看收发电子邮件操作方法； 2. 回复一封邮件到学生邮箱； 3. 学生互发邮件（需经同学同意后方可发送）	1. 学生观看微课； 2. 学生到自己邮箱查收老师回复的邮件； 3. 学生相互收发邮件
设计意图	1. 借用电子教室，学生直观观看教师演示操作方法，解决难点1； 2. 对学生进行网络行为教育

拓（拓技能——突出教学难点2）

教师活动	学生活动
1. 组织学生进行小组讨论：如果我们邮件还需要插入图片、声音、文档等等这些东西，该如何操作； 2. 根据每组学生归纳发言，老师顺势引出教学难点2——附件的发送	1. 学生通过小组讨论，发表见解； 2. 学生通过听各小组的见解后，延伸思考怎样对附件进行添加发送
设计意图	1. 激发学生思维，引导学生思考电子邮件的其他应用； 2. 引出教学难点2——附件的发送

拓（拓技能——突破教学难点2）

教师活动	学生活动
1. 出示两组附件发送的截图，让学生判断正确的附件发送方法； 2. 用诺图电子教室演示附件发送的方法； 3. 布置学生发送一个附件邮件到组长邮箱； 4. 教师巡视指导	1. 学生观看教师演示； 2. 完成附件发送的操作

设计意图	拓展技能，让学生掌握收发电子邮件的方法，掌握添加附件发送方法

拓（拓技能——学习评价）

教师活动	学生活动
1.组织学生到UMU平台进行学习评价； 2.学习评价	1.学生在网上填写评价表； 2.观看各项任务评价结果
设计意图	1.以评促学，凝聚团队精神，表扬学习积极分子，激发后进生向上潜能； 2.让学生客观评价本节课学习情况，进行自省

4.结（小结）（5min）

教师活动	学生活动
1.归纳小结：教师与学生共同小结所学内容，强调电子邮件特点，注意培养学生使用电子邮件交流意识，同时需要注意网络安全； 2.布置课后作业	1.思考小结； 2.接收任务

作业：
发一封你的个人简介（以附件形式发送）至老师邮箱

设计意图	1.重温本节课知识点，引导学生学会归纳、总结； 2.为下一节课教学做铺垫

教学反思

针对课堂，我先推送Flash课件、学生自学、微课、电子教室演示讲解难点内容等，整堂课教学还以十字架形式开展，学生既掌握了本节课的学习内容，还理解了网络安全行为规范，达到了教育教学的目的。

有待改进的地方：增加对学生个体的关注，这样才会使教学真正走进学生心里

《电容器与电容》教学设计

授课教师：___陈焕彩___ 班级：_____ 第__周 ___年__月__日 星期___

课程	电工电子技术及应用	专业	机电	教学对象	中职一年级
课题	电容器与电容	课型	新授	课时	2课时
教材分析	电容器与电容是中职生在电阻的基础上接触的第二大元件，教师在本课教学上成功与否，将直接影响着学生今后对交流电和电子电路的学习				
学情分析	本项目的教学对象为中职一年级机电专业学生，学生在初中接触过电阻，也接触过电容。但相关的知识肤浅，特别是18机电班的学生，基础知识薄弱、个别学生学习能力差，重视程度也不够				
教学目标	知识目标	1. 了解电容的基本结构； 2. 理解电容的大小（单位）； 3. 掌握电容的主要性能指标			
	能力目标	培养和提高学生的观察能力、自学能力、操作能力、整理笔记的能力，以及创新意识、科学严谨的学习习惯			
	素质目标	培养学生的辩证唯物主义观点，促使学生养成良好的整理笔记和严谨的行为习惯			
教学重点	1. 电容的大小（单位）； 2. 电容的主要性能指标	突出重点的方法		示范讲解、多媒体教学	
教学难点	电容的主要性能指标之标称容量的识别	突破难点的关键		分步讲解、学生实操	
教学方法	以探索导学法为主，启发引导式等多种教法相互穿插、综合运用	教学手段		课前导学案多媒体设计	
教学准备	1. 制定导学案，引导学生自主学习，提前做好项目准备； 2. 自制教学课件和课中练习表格、评价表格。增强教学直观性和趣味性，适时突出重点，突破难点，适度加快教学进度，扩大教学容量； 3. 教具准备：风扇1个、各类电容多个。锻炼学生动手实验、观察判断的能力，以突出重点				

教学过程				
理论教学（30min）				
教学步骤	教学内容	教学实施		教学意图
		教师活动	学生活动	
创设任务情境（5min）	创设情境： 图片导入、学生预习材料。 导语：电容器是电路的基本元件之一，应用在各种电子产品和电力设备中。 导入：改变电容容量从而决定风扇的转速为导向来激发学生的学习兴趣	1. 用PPT展示应用图片； 2. 初步提出任务	看图，指出元件，回答问题	用实物图来激发学生求知欲
复习相关知识（3min）	复习提问： 电阻主要性能指标	用学生熟悉的元件来引出新内容	倾听、思考、回答	温故知新，铺垫新课
讲授新课（20min）	新课讲授： 1. 电容器 （1）特性：储存电荷。 （2）定义：任何两个极板（导体）中间隔以介质（绝缘物质）就组成电容器。 （3）电容的符号： 无极性电容　　　有极性电容 2. 电容量 （1）物理含义：电容量是表示电容器储存电荷能力的物理量 （2）单位：法拉F，微法μF，纳法nF，皮法pF $1F=1\times10^{6}\mu F=1\times10^{9}nF=1\times10^{12}pF$ $1\mu F=1\times10^{3}nF=1\times10^{6}pF$ 3. 电容的三个主要性能指标 （1）标称容量： 直标法	教师利用PPT抛出新内容、严格图形符号的规范性 引导学生理解，电容的单位 提出三个主要性能指标	倾听、练写（在练习纸上写上电容的符号） 做好笔记 倾听 思考 笔记	培养学生自学能力，严谨的态度 培养学生运算能力 培养学生看图能力

续 表

教学步骤	教学内容	教学实施		教学意图
		教师活动	学生活动	
讲授新课（20min）	数字表示法 注意： ① 字母位于两个数字之间表示小数点，例：4n7=4.7nF； ② 在数字的前面有个小数点，表示零点几，以μF为单位，例： .01J　表示其标称容量为0.01μF； ③ 用三位数字表示容量的，前两位为有效数字，最后一位数字表示0的个数，以pF为单位。例： 103　表示其标称容量为10000pF； 若最后一位数字为9表示为10^{-1}， 109　表示其标称容量为 $10 \times 10^{-1}=$ 1pF； ④ 用一位或两位数字表示容量的，数字均为有效数字，以pF为单位。例： 91　表示其标称容量为91pF； （2）耐压（额定电压） ① 将耐压值直接印在电容器上； ② 是数字和字母结合而成，数字代表10的幂指数即0的个数，字母代表数值	利用PPT展示其一重要指标：容量 采用对比法、图形法来展示不同的标称容量 采用实物图来展示电容的耐压	小组讨论，上台演示，回答问题，练习 笔记练习	解析重点 攻破难点 考验学生对知识点的理解。 做中练，培养学生看图能力、理解能力。

耐压值

字母	A	B	C	D	E	F	G	H	J	K	Z
耐压（V）	1.0	1.25	1.6	2.0	2.5	3.15	4.0	5.00	6.3	8.00	9.00

		采用直观法来展示电容的误差		学会举一反三，能学能用

103

教学步骤	教学内容	教学实施		教学意图
		教师活动	学生活动	
学生实验（30min）	例：2A代表1.0×100=100V；2F代表3.15×100=315V ③电容没有特别标注的耐压均为63V （3）误差（允许偏差） 误差表 练一练： 小组合作：每组分发各有代表的5个电容，以小组为单位写出其三个性能指标，并标出其极性。 4.拓展延伸 学生实验：观察电容，写出其三个性能指标，完成项目学习的内容	布置任务；巩固学习内容；检查评价	笔记练习 小组合作完成教学任务 小组派代表展示自己的结果	培养学生的观察能力 培养学生的合作能力、观察能力、操作能力

误差表

符号	O—O级	O级	I级或J	II级或K	III级或M
误差	±1%	±2%	±5%	±10%	±20%

板书设计	1. 电容的符号

1. 电容的符号

⊥ C   ⊥ C   ⊥+ C
      或

无极性电容   有极性电容

2. 单位：法拉F，微法μF，纳法nF，皮法pF
$1F=1×10^6μF=1×10^9nF=1×10^{12}pF$
$1μF=1×10^3nF=1×10^6pF$

3. 电容的三个主要性能指标
（1）标称容量

.01J   103   91

三个标称容量图

（2）耐压
（3）误差

理论教学小结（2min）	1. 电容的大小（单位） 2. 电容的主要性能指标

布置作业	1. 理论题 （1）写出电容符号；（2）单位换算；（3）电容的主要性能指标 2. 实操题 每人分发10个电容，写出其三个性能指标，并标出其极性

《相框设计及3D打印》教学设计

课题	相框设计及3D打印			授课教师	黄泽棠
课型	理实一体化	课时	1课时	授课班级	16春数模班
课程分析	本课程来自我校《3D打印技术》校本教材的其中一个综合实训项目。教材内容贴近生活，学生利用3Done Plus软件设计制作相框及完成3D打印。本项目的设计按照任务驱动方式进行，先提出设计、分析任务、确定设计方案和设计参数、利用3Done Puls三维建模、利用Cura切片软件生成G代码、操作3D打印机制作出相框，简单易学				
学情分析	本课题是在学生已初步掌握3Done Puls软件、Cura切片软件、3D打印机操作的基础上，综合运用所学知识实现自己的创意设计。教学对象为中职三年级学生。班级小组合作学习课堂模式已成型，全班34位同学分成5个组，每组有6台计算机和1台3D打印机。由组长负责组织项目的实施。此设计任务来源于生活，设计模型简单不复杂，学生通过前期学习积累了3D打印技术的一定知识和技能，完全可以通过自身的努力完成创意设计，非常适合中职学生学习				
教学目标	1. 知识目标 （1）学会运用软件的拉伸命令； （2）学会运用软件的抽壳命令； （3）学会运用软件的扫掠命令。 2. 技能目标 （1）能运用3Done Plus软件完成三维建模； （2）能运用Cura切片软件正确设定打印参数； （3）能正确操作FUSICA 3D打印机完成模型的打印。 3. 素养目标 （1）培养团队合作能力； （2）培养学生综合运用3D打印知识解决实际问题的能力				
重点	运用3DonePlus软件完成相框三维设计模型				
难点	产品的设计思维形成				
教学准备	1. 编制实训任务指导书（见附1）； 2. 提前把实训任务指导书发放给学生，按要求完成作业，收集学生生活照片； 3. 教具准备：相架、过塑的生活照片、计算机、3D打印机、微课				

教法学法	任务驱动法、理实一体化、小组合作学习		
教学过程			
教学主要环节（时间）	师、生活动内容、流程		
	教学内容	师生活动	备注
组织教学（1min）	1. 师生问好，整顿课堂纪律 2. 考勤，德育一分钟	1. 学生按座位就座，上交手机； 2. 小组长报告人数	组织教学
导入新课（1min）	提出任务：你能帮丽颖同学实现她的梦想吗	学生预先接受任务，完成实训任务指导书前置作业一	创设情景，导入课题
明确任务（2min）	1. 分析任务； 2. 提出设计方案	1. 学生完成实训任务指导书前置作业二、三； 2. 教师检查学生前置作业	任务驱动
交流讨论（6min）	点评各组设计方案合理性，详细分析设计任务，提出可行性操作方案，初步形成产品设计思路	1. 组长就本组设计方案做说明； 2. 教师点评，做可行性分析； 3. 教师给出参考设计方案	分析任务
教师讲解（10min）	1. 理清思路，帮助学生建立思维导图（解决教学难点）； 2. 播放微课（解决教学重点）	1. 教师通过思维导图，引导学生实体建模； 2. 学生听课并阅读实训指导书记录四①作图步骤；②思维导图； 3. 教师播放微课； 4. 学生记录注意事项，认真观察操作方法	任务讲解
学生操作（20min）	制作过程： 1. 利用3DonePlus软件完成相框的设计； 2. 利用Cura软件切片，生成Gcode代码； 3. 利用FUSICA 3D打印机完成相框的打印； 4. 打印机使用及注意事项	1. 学生尝试利用3Done Plus软件完成三维模型构建； 2. 教师在学生建模期间巡回指导，及时解决建模困难； 3. 小组制作好模型生成切片软件后，交教师检查，批准后方可使用打印机打印； 4. 教师完成小组合作学习随堂评价表	任务实施理实一体化

教学主要环节（时间）	师、生活动内容、流程		
	教学内容	师生活动	备注
总结评价（4min）	1. 小组长总结发言； 2. 收集各组打印作品，分析成败原因； 3. 评选出优秀的学习小组及成员； 4. 总结产品设计的一般思路； 5. 多元评价方式评价学生学习效果	1. 学生完成学习项目评价表与学生反馈表； 2. 组长总结本组的学习情况； 3. 分小组提交打印作品； 4. 教师点评总结； 5. 鼓励表彰优秀小组及成员	点评总结
课后作业（1min）	1. 完成五、任务报告； 2. 完成六、任务拓展	1. 学生认真填写实训总结； 2. 尝试对相框进行再设计，刻上名字	完成和拓展任务
板书设计			
相框设计的思维导图（略）			
教学反思			

本节课的教学以学生为中心，体现以学生为主体。采取理实一体化、任务驱动、小组合作的教学方法，激发学生的学习兴趣。通过小组合作培养学生自主参与、合作交流的机会，使学生能在做中学，学中做，教学效果好。

本节课创新点：通过产品设计过程，培训学生综合运用3D打印知识，解决实际问题的能力，让学生提早进入岗位角色。

在本节课中不足的是：学生想象力较差，设计思路难以形成

附：任务指导书（学生填写）

附1：

任务指导书

学习课题：相框设计及3D打印 学习项目：3D打印技术	班级	姓名	学习小组

丽颖同学说：我好想用3D打印机制作一款不一样的相框哦，你们学过3D打印技术，你们能帮我实现梦想吗？

一、接受任务（课前完成）

答：＿＿＿＿＿＿＿＿＿＿＿＿＿＿＿＿＿＿＿＿＿＿＿＿＿＿＿＿＿＿＿＿＿

二、分析任务（课前完成）

1. 我们见过的相框是这样的。

相框图（略）

2. 让大家看看我的靓照（找一张过塑的个人生活照片）

```
          相片粘贴处
```

相框我们见过了，相片我们也有了，我们要做一个怎么样的相框呢？
（思考讨论过程……）

三、提出设计方案（课前完成）

1. 经过本组讨论，我们设计的相框外形是这样的（在空白的地方草绘出相框的外形）

2. 相框要设计成多大才合适呢?

① 测量过塑的相片尺寸长＿＿＿＿＿＿＿＿，宽＿＿＿＿＿＿＿

② 确定相框的长＿＿＿＿＿＿＿＿，宽＿＿＿＿＿＿＿＿，相框要保证一定的强度同时也不适宜太厚，拟定厚为＿＿＿＿＿＿＿＿

③ 相框横竖要放得稳，支架要够大够硬，拟定＿＿＿＿＿＿＿＿，支撑外形是四边形还是菱形由小组选定。

四、任务实施（边学边记）

1. 利用3Done Plus软件完成相框的设计

制作思维导图

步骤:

（1）

（2）

（3）

（4）

（5）

2. 利用Cura软件切片，生成Gcode代码

参数:

3. 利用FUSICA 3D打印机完成相框的打印

打印机使用及注意事项:

五、任务总结（实训后填写）

1. 遇到的问题及解决方法?

＿＿＿

＿＿＿

2. 我的相框合适吗? 完美吗?

＿＿＿

＿＿＿

3. 如果相框不完美，有哪些不满意的地方? 如何改进?

＿＿＿

＿＿＿

4. 实训我最大的收获是? 小结情况

＿＿＿

＿＿＿

六、任务拓展（课后作业）

1. 丽颖同学收到相框了，很高兴，不过又提出了新问题，说：要是这相框能刻上我的名字就好了，你能帮我实现吗？

_____

_____

2. 试一试使用软件预制文字命令、浮雕命令在相框上刻上自己的名字，定制自己的专属相框

《V形件弯曲模》教学设计

授课教师 邓导平　　班级＿＿＿＿　第＿＿周　　＿＿年＿＿月＿＿日

专业名称	模具制造		
课程名称	冲压工艺与模具结构	课题名称	《V形件弯曲模》教学设计
课时	1课时	教学对象	模具制造专业二年级学生
基本分析及教学策略			

V形件弯曲模是最为典型的弯曲模具，U形、Z形及其他复杂的角度弯曲均可以看作是由多道V形弯曲组成，因此，学生通过该项目的学习，可为后期学习U形、Z形件弯曲模做好铺垫。

根据学生文化基础比较差，普遍对逻辑性、计算性、推理性问题不感兴趣的特点，通过以往的教学实践发现，对于这种类型的学生，如果在教学中沿用传统的以教师为主的灌输式教学方法收效很差，往往导致学生厌学。所以本次课程采用引导发现法、案例教学法，使学生获得感性认识，增加专业兴趣，有意识地培养学生的分析问题的能力，教师在学生的学习过程中做一个指引者和陪同者，即使是理论课也有意识地设计互动环节，让学生主动参与讨论、进行交流，这样可以使学生在学校获得知识、掌握技能的同时，学会一种探索问题、学习新知识的能力

学习目标

1. 知识及能力目标：通过本项目的学习，使学生能了解弯曲模工作过程及弯曲成形方法；能对V形件弯曲模具进行分析。

2. 情感目标：通过各类图像文件的驱动，培养学生善于观察，勤于动脑的良好学习习惯；培养学生遇到问题会思考、会分析、会总结的综合素质能力

学习内容

弯曲模工作过程（重点）；弯曲成形方法（重点）；V形件弯曲模具分析

教学方法

引导发现法、案例教学法

教学手段

口头表达、教材、PPT、微信、多媒体技术

学习资源

弯曲零件图片（实物）、冲压工艺与模具结构教材、V形件弯曲模具工作过程视频、ProE软件、多媒体播放器、微信等

教学过程				
教学环节	教学内容	教师活动	学生活动	设计意图
教学准备	—	宣布课堂纪律、点名，检查学生的课前准备	放置手机，课桌椅及物品摆放	
复习导入（7min）	复习：分析冲裁模零件结构 1. 标准模架结构及应用； 2. 标准模柄及应用； 3. 内六角螺钉与销钉结构； 导入：看图，分析说明产品形状有何特点？用什么模具成形的？ 弯曲定义：弯曲是指在冲压生产中，利用模具将制件弯曲成一定角度和形状的加工方法 弯曲前　　弯曲后	提问并用图片引入新课，讲解定义	观察图片、思考与回答问题	复习上节课的内容，让学生进一步巩固，通过零件图片，以引起学生对新知识、新内容的兴趣和探求
讲授新课（20min）	1. 弯曲模工作过程（观看视频） 弯曲模工作过程 把材料放在凹模上，在压力作用下，凸模接触毛坯并逐渐向下压，毛坯受压产生弯曲变形，最终得到所需要的形状。（引用动态图加于说明） 2. 弯曲成形方法（观看视频） 弯曲成形方法图（略） 3. V形件弯曲模分析（结合三维模型分解图分析） V形件弯曲模分析图（略） 结构及工作原理：	播放模具工作视频；用ProE三维软件进行V形件模具分解演示；结合动态图解释说明模具结构及工作原理	观察视频、V形件模具分解演示、动态图；思考模具工作原理并能分析其结构	通过观看现实生产的视频让学生了解弯曲模工作过程及弯曲成形的方法，并用三维分解图、动态图让学生能直观了解V形件弯曲模的工作过程和结构

教学环节	教学内容	教师活动	学生活动	设计意图
讲授新课（20min）	该模具上模由凸模通过销钉连接在上模座上，下模由定位板、凹模、下模座和顶杆等零件组成。当上模下行，凸模接触板料将板料压入凹模的型腔中，上模回程，制件由顶杆顶出至凹模表面，一个周期完成。该模具结构简单，上模和下模之间无任何导向装置。该模具加工效率低、加工精度不高，广泛地应用于小批量生产中			
课堂练习（8min）	课堂练习：1. 根据模具三维图，写出零件名称 模具三维图	巡回指导，观察学生掌握情况	围绕任务展开练习	了解学生学习情况，检查教学效果，及时调整教学方法
师生互动（3min）	展示学生作品并点评，让学生分析，加强学生对知识点的掌握	展示图片讲述、总结	加深对知识点的掌握	创建"宽松、民主、和谐"课堂氛围，有助于融洽师生关系，提高教学效果
课堂小结（2min）	强调本次课程重点、难点	讲述	思考、记忆	帮助学生理清所学知识的层次结构，形成知识系列结构框架

续　表

教学环节	教学内容	教师活动	学生活动	设计意图
作业布置	作业：P107			巩固所学的知识

教学视频：
教学过程视频（节选），冲压一体机、辊弯机弯圆、折弯机、拉弯机工作视频

学业评价

学业评价表							
课题名称	V形件弯曲模		课题成员		全班学生		
评价项目	评价标准	评价等级					
		优秀	良好	一般	较差	备注	
学习技能	1. 能了解弯曲模工作过程及弯曲成形方法； 2. 能对V形件弯曲模具进行分析						
情感态度	1. 积极参与活动，态度端正； 2. 善于观察图像素材，勤于动脑						
合作交流	1. 主动和同学配合； 2. 认真倾听同学观点和意见						
实践活动	1. 积极动脑、动手、动口； 2. 会与别人交流						
成果展示	1. 成果表述规范，观点鲜明； 2. 表达清晰，仪容仪态好						
总评	合计						

感悟与收获：

教学反思

本节课根据学生的学情对教材内容进行处理，认真分析教学方法，同时对图像材料进行整理，为课堂教学做好充分准备。课堂中首先通过零件图片，引起学生对新知识、新内容的兴趣和探求，然后通过现实生产的视频引入，让学生了解弯曲模工作过程及弯曲成形的方法，并用三维分解图、动态图让学生能直观了解V形件弯曲模的工作过程和结构。从整个教学过程来看，符合学生的认知规律，引导过渡、学生活动以及总结安排比较合理，教学效果较好

《电动机正反转PLC控制》教学设计

授课教师 <u>范方初</u> 班级 _____ 第 ___ 周 ___ 年 __ 月 __ 日 星期 ___

课程	三菱FX系列PLC编程及应用	专业	机电	教学对象	中职二年级
课题	电动机正反转PLC控制	课型	理实一体化	课时	1课时
教学内容	正反转控制是PLC基本编程电路环节之一，考核学生对PLC基本电路环节程序的编写，是PLC编程的基础				
学情分析	本项目的教学对象是机电专业二年级学生，学生已学习的PLC的基本编程指令，懂得接线的方法，能够熟练运用编程软件，有一定的编程基础，对基本编程指令的理解不是很充分				
教学目标	知识目标	1.熟练掌握互锁控制程序的编写，理解正反转程序； 2.掌握继电器控制线路移植法			
	能力目标	通过正反转控制的设计，使学生能够理论联系实际，培养学生基本编程能力，养成良好的编程习惯，培养学生独立分析能力			
	素质目标	通过项目学习，小组分工合作，培养学生团体协作能力和交流沟通能力，培养学生注意观察、思考、动手、分析、总结的良好习惯			
教学重点	互锁控制		突出重点的方法		示范讲解
教学难点	正反转程序的理解		突破难点的关键		分步讲解 小组探究
教学方法	任务驱动法　小组探究法		教学手段		课前导学案
教学准备	1.制定导学案，引导学生自主学习，提前做好项目准备； 2.编写教学设计，制作辅助教学PPT，小组课堂评价表（教师评），小组成员评价表（组长评）； 3.教具准备。 （1）电机控制模块； （2）PLC实验平台； （3）导线				

教学过程				
理论教学（15min）				
教学步骤	教学内容	教学实施		教学意图
		教师活动	学生活动	
创设任务情境（2min）	创设情境： PPT展示电气控制系统的电动机连续正反转控制线路； 电气控制正反转控制原理图； （略） 用PLC可以实现正反转控制吗	1. 用PPT展示正反转控制线路动画 2.初步提出任务	看电路图，学生讨论，回答老师的问题	用实际问题激发学生求知欲
复习相关知识（3min）	复习提问： 1.PLC连续正转控制（移植法） 接触器正转控制原理图 梯形图： PLC正转控制梯形图 2. 思考：为什么把继电器系统正反转控制线路转化成PLC梯形图呢？	通过连续正转控制，复习PLC梯形图设计方法——移植法，复习移植法步骤	倾听，思考，讨论，回答老师问题	温故知新，为后续的编程做铺垫
讲授新课（8min）	新课讲授： 1.移植法步骤 （1）把按钮、接触器符号转换成对应的PLC软元件符号 停止按钮SB1 → X0 正转启动按钮SB2 → X1 反转启动按钮SB3 → X2	检查与讲评学生讨论的结果 讲解移植法步骤	小组讨论复习时提出的问题，得出初步的梯形图 倾听，思考	培养学生独立思考的能力、合作能力

续 表

教学步骤	教学内容	教学实施		教学意图
		教师活动	学生活动	
讲授新课（8min）	正转接触器KM1 → Y0 反转接触器KM2 → Y1 （2）整理电路图，得出梯形图 与连续正转对比，多了自锁触头 PLC正反转梯形图 自锁：并联输出的常开触点。 作用：保持接通状态。 互锁：串联另一输出的常闭触点。 作用：互锁双方不能同时工作。 思考：如果把输出 Y0、Y1 的互锁触头改成常开，将会发生什么。 （3）根据输入输出分配，画出外部接线图 PLC正反转控制外部接线图 练一练：请大家把双重连锁正反转的梯形图画出来。 拓展延伸： 1. 正反转程序的应用。 手动控制红绿灯：要求按下按钮	分析梯形图 启动、停止、自锁、互锁的编程方法 引导学生理解，互锁的作用及应用 提点顺序控制注意外部接口与程序的关系（常开常闭触点的问题） 布置拓展任务	思考 小组讨论，并上机尝试 练习 小组合作完成编程任务	培养学生编程思路 解析重点 攻破难点 考验学生对程序的理解 培养学生接线规范 学会举一反三，能学能用

教学步骤	教学内容	教学实施		教学意图
		教师活动	学生活动	
讲授新课（8min）	（1）红灯亮，按下按钮； （2）绿灯亮，并且两灯不能同时亮。请根据上述要求，编写程序	检查与评析学生练习的成果	小组派代表展示自己的成果	学会表达与分享
板书设计	电动机正反转PLC控制 1. 正反转控制线路； 2. PLC梯形图； PLC梯形图 3. 外部接线图 外部接线图			
理论教学小结（2min）	1. PLC启动、停止、自锁、互锁的基本电路环节及应用； 2. PLC外部接口与程序息息相关，外部接口不同，程序也不同，因此在开始编写程序时，我们必须要先分配好输入输出接口； 3. PLC编程方法有很多种，需要同学们多想多用，掌握基本的编程思路			

电动机正反转PLC控制
1. 正反转控制线路；
2. PLC梯形图；

与连续正转对比，多了自锁触头

PLC梯形图

3. 外部接线图

外部接线图

实操教学（25min）				
教学环节	教学内容	教学实施		教学意图
		教师活动	学生活动	
课前任务	学生完成导学案的相关内容	制定导学案	完成导学案相关任务	为实训做好针对性准备
编程任务要点解析（3min）	1.任务 电动机正反转控制： 按下正转启动按钮SB2，电机连续正转；按下停止按钮SB1，电机停止；再按下反转启动按钮SB3，电机反转。 2.编程步骤 （1）控制要求分析； （2）输入输出口分配（重要步骤）； （3）梯形图（程序）； （4）接线图（外部接线）。 在学生完成的导学案中，选出优秀学案	根据学生完成的导学案进行必要的解析	1.认真听讲； 2.回答问题	培养独立思考，比较分析能力
方案设计（7min）	设计方案： 小组讨论，完成设计方案，根据学生的方案，选出一个作为范例	1.制定设计方案表格； 2.检查设计方案，提出建议	小组讨论，完成编程设计方案，并根据老师的建议进行修改和完善	培养严谨细致的职业习惯
程序编写与接线（12min）	编写程序，接线，运行结果： 1.学生使用编程软件自行完成程序的编写与传送； 易错点：PLC型号的选择，步数的设置。 2.学生利用实验模块板，根据自己的接线图，接好线路； 易错点：公共端的接法。 3.运行与调试：学生试运行，并根据结果进行必要的调试。 易错点：PLC运行指示灯不亮	1.注意安全事项提醒； 2.指导巡视，要点提醒	1.完成程序的编写与接线； 2.运行结果与调试程序； 3.组长对组员进行检查与评价	进行过程性评价，调动学习积极性，营造小组竞争氛围

续 表

教学环节	教学内容	教学实施		教学意图
		教师活动	学生活动	
成果展示（3min）	（五）成果展示 1. 根据设计方案、运行结果点评各小组和学生的课堂表现； 2. 让优秀学生展示运行成果，分享成功经验	1. 对学生成果展示进行点评和小结； 2. 对优秀学生和小组进行表扬	1. 听汇报； 2. 质疑和补充	分享快乐，借鉴经验，激励积极性
拓展任务	1. 布置作业：完成设计方案； 2. 拓展任务：用其他方法实现连续正转控制	提供指导	完成设计方案和课后任务	巩固提升

板书设计	
电动机正反转PLC控制 一、编程步骤 1.控制分析 2.输入输出口分配 3.梯形图程序 4.外部接线图	分配表：　　　　　接线图：

附：

《电动机正反转PLC控制》导学案

一、控制任务要求

电动机正反转控制：按下正转启动按钮SB2，电机连续正转；按下停止按钮SB1，电机停止；再按下反转启动按钮SB3，电机反转。

二、编程思路分析

1. 根据控制要求，把输入输出口的分配表补充完整

输入输出分配表

输入			输出		
元件代号	功能	输入点	元件代号	功能	输出点
SB1	停止按钮	＿＿＿＿	KM1	正转接触器	＿＿＿＿
SB2	正转启动按钮	＿＿＿＿	KM2	反转接触器	＿＿＿＿
SB3	反转启动按钮	＿＿＿＿			

2. 采用移植法，根据连续正转控制线路，画出梯形图

梯形图：

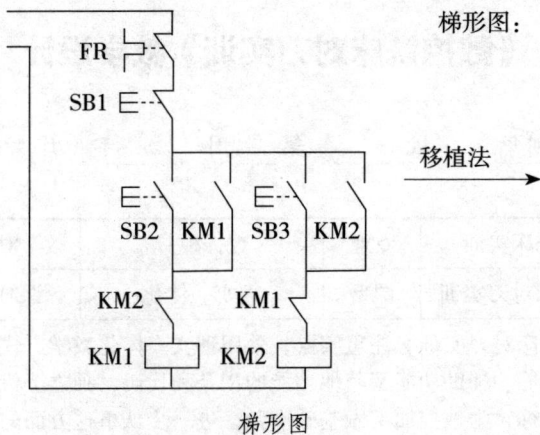

移植法 →

梯形图

3. 画出外部接线图

《数控铣床对刀实训》教学设计

授课教师 黄利华 班级＿＿＿ 第＿＿周 ＿＿年＿月＿日 星期＿＿

课程	数控铣床实训	专业	数控模具	教学对象	中职二年级
课题	数控铣床对刀实训	课型	理实一体化	课时	1课时
教学内容分析	《数控铣床对刀实训》注重实操，采用理实一体化教学方式。实训主要包括数控设备功能、辅助功能及其他功能的指令和代码，独立上机操作进行对刀和建立工件坐标，为数控加工做基础准备，进一步从事这方面的学习和工作奠定基础，为企业培养实用型技能人才				
学情分析	1. 班级男生多，理论知识相对比较差，查询资料，工作过程中需要老师的指导； 2. 学生自信心不足，需要老师关爱和鼓励等； 3. 小组协作能力已形成，小组长具有一定的组织能力； 4. 学生好奇心重和动手能力强，敢于尝试				
教学目标	知识目标	1. 会识读零件图、查询资料； 2. 会制定零件的加工工艺； 3. 会编制零件的加工程序； 4. 会选择相关的软件等			
	能力目标	1. 掌握机床坐标系； 2. 明白建立工件坐标系的目的； 3. 掌握相关软件的使用方法； 4. 学会FANUC-MD数控铣床试切对刀法			
	素质目标	1. 基于工作过程的学习，提升学生的职业素养； 2. 培养学生思考、注重细节的能力			
教学重点	FANUC-MD数控铣床建立工作坐标系的目的		突出重点的方法	大班集体讲授、小组学习	
教学难点	1. 选择合适方法，提高加工效率 2. FANUC-MD数控铣床试切法对刀过程		突破难点的关键	个别辅导、分组实训	
教学方法	理论实践一体化教学法、项目案例教学法、行为导向教学法；根据专业不同的要求和时间的长短，将采取不同的实训加工内容		教学手段	现场演示	

教学准备	1. 制定课前任务，引导学生搜集资料情况等开展自主学习； 2. 编写教学设计；制作PPT；选择软件，设计《项目学习小组合作学习课堂表现评价表》（教师评）和《小组合作学习组员评价量规（组长评组员）》等； 3. 教具准备：实习实训指导书、CAXA软件、数控加工实训室、相关的刀具、量具、工具等

教学过程

理论教学（20min）

教学环节	教学内容	教学实施		教学意图
		教师活动	学生活动	
创设任务情境 （2min）	在数控编程的时候我们都要进行程序的编写，在编写程序的时候大家也都在零件图上找过程序的编程坐标。那么这些编程坐标在机床上是如何找到的	1. 用PPT展示和分析制作的步骤； 2. 提出学生需要掌握的知识	1. 倾听，思考； 2. 回答问题	用实际问题激发学生求知欲
复习相关知识 （3min）	加工刀具与机床结构 （1）机床开机、关机、操作面板； （2）选择相关的刀具、量具、工具等	1. 讲解在加工过程中需要做到的安全问题； 2. 提问相关需要用到的知识点	思考，回答问题	温故知新，为后续加工做铺垫，提升专业能力
讲授新课 （13min）	1. 认识机床坐标系 以机床原点O为坐标系原点并遵循右手笛卡尔直角坐标系建立的由X、Y、Z轴组成的固定的直角坐标系	大班集体讲授机床坐标结构，教师指导，个别辅导	认真听讲、记录、小组讨论、提出疑问、查找资料	1. 通过坐标结构的分析，让学生学会识读机床坐标、掌握坐标的结构特征的分析； 2. 通过技术要求分析了解坐标的准确性
	2. 机床坐标系与工件坐标系的关系： 机床坐标系和工件坐标系间能建立已知的位置关系	大班集体讲授，教师指导，个别辅导	小组讨论、查找资料、做好记录，完成表的内容	使学生掌握内容和步骤
理论教学小结 （2min）	通过上述的理论教学，重点要求同学们了解数控铣床建立工作坐标系的目的，掌握机床坐标系与工件坐标系的关系，为进行实际操作做好理论准备			

软件操作教学（20min）				
教学环节	教学内容	教学实施		教学意图
		教师活动	学生活动	
课前任务	如果我们已经知道编程零点，我们如何将这个零点设定到工件上？又如何让机床知道这个点就是编程零点呢	制定和分发相应的表格	完成表格相关内容	为实训做好针对性准备
CAXA软件操作	绘制平面图形并编制刀具路径 （1）绘图 使用CAXA软件绘制矩形。 （2）编制刀具路径 编制刀具路径并设置参数。 （3）刀具路径仿真	大班集体讲授，教师操作，教师指导，个别辅导	小组讨论、查找资料、做好记录、学生操作	会用CAXA软件对零件进行绘图并编制刀具路径； 能合理的设置不同加工工序的三要素，对零件进行仿真加工； 能看懂相关的G代码和加工程序
教师示范	1. 教师示范——演示 绘制图形，设置参数	讲述并示范操作，教师指导，个别辅导	做好记录、学生动手操作	1. 会使用相关软件； 2. 绘图时注意如何方便于加工
实际操作	2. 学生练习 练习软件绘图，参数设置	讲述并示范操作，教师指导，个别辅导	学生动手操作，完成任务，提出疑问	1. 正确的选择步骤； 2. 会使用相关的操作命令
	3. 作业上交评分 通过小组长检查反馈进行评分	讲述、指导、检查	规范整理、小结	培养学生要严格按照相关的要求进行操作；具有良好的职业素养

教学环节	教学内容	教学实施		教学意图
		教师活动	学生活动	
拓展任务	1. 布置作业：填写实训报告； 2. 拓展任务：不同的机床操作系统参数设置有什么不同	提供提导	1. 实训报告内容包括：作图、实验步骤、数据、注意事项； 2. 完成课后任务	巩固提升

教学评价
通过对学生的课堂表现进行评价，旨在激励学生的学习积极性，让学生检验自己的学习效果，反思自己的学习过程，使教师与学生、学生与学生之间保持有效互动的过程。 本项目的过程性评价分为教师对小组、组长对组员的课堂表现评价。详见下面《项目学习小组合作学习课堂表现评价表》（教师评）和《小组合作学习组员评价量规（组长评组员）》（表略）

教学反思
成功之处： 采用基于工作过程导向教学法，把理论教学与实际有机地结合起来，充分发掘学生的潜能，提高学生分析问题和解决实际问题的能力。 不足之处： 硬件的缺乏，导致学生实制操作使用率不高，重难点难掌握；微课的录制技术，以及生动性和趣味性有待提高。 改进措施： 1. 利用沟通平台乐教乐学、微信、QQ等手段进一步跟踪学生学习能力成长； 2. 进一步加强信息化技术的学习，努力提升微课的综合制作水平

《触摸屏》教学设计

授课教师：邓凤仪

教学基本情况			
授课单元	MCGS触摸屏的应用——标准按钮和指示灯的制作	授课班级	机电专业二年级学生
课程名称	典型设备的组装与调试	授课学时	2学时
授课地点	PLC实训室	授课形式	翻转课堂
内容分析	本课题选自《典型设备安装与调试》，是机电类学生必修的一门专业技术教材，主要完成的任务是触摸屏按钮和指示灯的制作，此任务是学生技能竞赛"机电一体化设备组装与调试"项目必备的技能之一，是在完成PLC基本知识、送料机构、机械手搬运机构、物料传送及分拣机构等项目的组装与调试的基础上对PLC学习知识的延伸		
学情分析	教学年级：机电专业二年级学生 学习基础：已经学习过PLC基本指令和步进指令的使用，能解决一些简单项目程序的编写和调试，能熟练操作亚龙YL-235机电一体化实训平台。学生喜欢且能操作，具有一定沟通合作能力。但学生学习过的PLC指令知识掌握还不够熟练，在实操训练中对出现问题后故障排除能力较欠缺		
参考教材	"十二五"职业教育国家规划教材《典型机电设备安装与调试》		
教学资源	1. 网站：中国大学MOOC； 2. 超星学习通资源平台		
教学目标			
	知识目标	技能目标	素养目标
教学目标	1. 知道触摸屏控制PLC的方法； 2. 会触摸屏翻页功能制作，按钮、指示灯的设计	1. 能进行PLC的联机调试； 2. 能对触摸屏调试过程中的故障进行排除	1. 培养学生团队合作意识； 2. 自主学习能力； 3. 注重规范操作、安全文明生产等职业素养的养成
教学重点	按钮、指示灯的制作方法以及PLC的联机调试		
教学难点	触摸屏调试过程中故障的排除方法		

续 表

教学方法	任务驱动法为主，辅助创设情境法、启发引导法、实操训练法，学生通过完成学习任务学习相应的知识和技能
教学手段	超星学习通APP、编程软件、亚龙机电一体化实训平台
教学准备	1. 将导学案、任务书、教学内容及微课程等信息化教学资源整合到超星通教学平台；浏览学生反馈的课程问题并进行整理，便于课堂上对学生进行差异性答疑； 2. 通过微信群动员学生做好课前预习，完成超星学习通APP本项目的课前小测验； 3. 学生通过移动终端超星学习通APP自主学习平台上的资源

<table>
<tr><td colspan="4" align="center">教学过程</td></tr>
<tr><td>教学环节</td><td>教师活动</td><td>学生活动</td><td>设计意图</td></tr>
<tr>
<td>创设情境
（5min）</td>
<td>1. 出现问题
播放触摸屏应用视频
师：这是一台企业里进行物料自动分拣的模拟实训设备。设备存在以下问题：
（1）按钮模块导线较多，操作时不方便；
（2）按钮频繁操作，容易损坏，需要经常维护；
（3）指示灯较多，工作中不容易快速知道每个指示灯的含义。
这些缺点同学们在实际接触这台设备后也遇到了，大家认为是否还有其他缺点？
2. 解决问题
师：如何解决这些存在的问题呢？
播放触摸屏工作的微视频。
3. 提出问题
从刚才的视频中同学们看到了什么？
4. 引入课题
通过对学生回答的点评，引入本课课题——触摸屏标准按钮和指示灯的制作</td>
<td>学生回答教师提出问题

学生自习观看触摸屏的界面组成部分，都分别实现了什么功能

学生回答教师提出问题（按下触摸屏上的按钮，外部设备就可以工作，并且设备工作的信息可以反馈给触摸屏；可以减少外部设备和PLCI/O的接线，简化工作过程）</td>
<td>为学生创造具体的教学情境，激发学生学习的主动性和积极性

通过对一个实际问题如何解决引入本次课

考查学生的观察能力</td>
</tr>
</table>

教学环节	教师活动	学生活动	设计意图
确定任务 （2min）	我们把刚才的触摸屏工作视频简化，可以罗列出本次课的任务： 任务1：触摸屏、PLC、电脑通信连接的建立； 任务2：标准按钮的制作； 任务3：指示灯的制作	学生阅读任务单，结合刚才观看的微视频，知道每个任务实现的功能，明确本次实训课要完成哪些工作	明确学习任务，知道每个任务的功能
实施任务 （58min）	分析任务		
	根据学生课前预习触摸屏学习资料对每个任务实施步骤的理解进行分析； 每个小组进行讨论	学生根据任务单上每个任务实施步骤，结合课前的网上预习，谈谈小组对每个任务步骤的认识	检验学生课前预习效果怎样
	一组同学回答得很好，已经把每个任务的关键点都说出来了，任务1是基础，通信的正确建立关系到整个项目的成败，任务2到任务3方法基本相同，只要找到PLC中对应的程序步骤，找到输入和输出部分的对应地址	一组：在任务1中包含硬件连接和软件参数设置，要设置好端口号和PLC型号；任务2按钮制作关键点是设置好PLC程序中对应的地址；任务3同样也是设置好指示灯输出地址编号	不仅锻炼了学生的语言表达能力，同时可以让学生对步骤的认识分享，获得一定的信心
	操作练习		
	师：同学们已经根据任务单上每个任务实施步骤有了深刻认识，为了更标准、规范、安全地完成本次实训，同学们要注意以下问题：设备上导线较多，虽然是安全导线，但没有百分百的安全，同学们不要带电随意插拔，对于出现问题需要插拔导线时，要切断电源、同时通信接口进行插拔时也要断开电源，尤其是PLC通信。 师：各个小组工位上已经准备好了通信线材，下面开始实施任务1，硬件部分连接	学生通过教师的讲解理解安全操作的重要性 学生检查电源是否已经断开，通信线比较常用扎带绑扎，不随意掉落地上防止踩踏	模拟企业工作要求，提升学生完成任务的动力 养成操作规范、安全的职业素养

教学环节	教师活动	学生活动	设计意图
实施任务（58min）	任务1：通信连接 任务1完成过程中，教师巡回指导，教师示范。 操作安装通信芯片，同时播放软件通信设置微视频。 任务2：按钮制作（制作中遇到问题） 师：同学们已经都完成了任务1，任务1是基础，通信不成功会直接影响我们后面功能的实现。下面来看按钮的制作。大家在制作过程中要注意，触摸屏中按钮的作用实际是控制着PLC中的程序。 教师引导，解决问题： 对于这样的故障，同学们在初学时容易遇到，由于PLC的X是一个输入软元件，它的信号来源于外部按钮，开关或者传感器，如果直接在触摸屏中用了地址X，PLC的X是收不到触摸屏的信号的。故不能在触摸屏中用X来进行地址的设置，可以采用M辅助继电器。 播放制作按钮的方法——微视频。 任务3：指示灯制作 指示灯的制作方法和按钮的基本相同，同样同学们可以灵活选用指示灯的图形，只要能实现显示的功能。 播放指示灯制作微视频。	学生完成过程中发现微视频中使用的输入地址是M，如果用了X地址后，点击触摸屏按钮无法实现控制这样的故障。 讨论无果后问教师。 学生记录解决故障的过程，重新进行制作，体会其中的不同。 制作完成后，学生下载调试，调试成功。 学生记录解决故障的过程，重新进行制作，体会其中的不同； 制作完成后，学生下载调试，调试成功； 学生观看学习微视频中指示灯的制作方法，体会和按钮制作中的相同点	通过出现的问题，使学生注意制作中的细节 通过两种方法对按钮变量的连接，提出各自特点，学生灵活掌握 通过对问题的探索回答，让学生知其所以然，同时掌握用M辅助继电器来实现变量的连接更方便

教学环节	教师活动	学生活动	设计意图
	学生制作中出现疑难问题		
实施任务（58min）	教师：由于触摸屏中对指示灯采用Y编址时采用的是十进制，而三菱PLC中采用的是八进制，由于进制的不统一才会出现这样的问题，为了避免，可以将PLC中的Y八进制转换为十进制后再编址，当然这样以后给操作者带来一定的麻烦。简便方法，采用M辅助继电器实现	学生在任务制作过程中，遇到问题，举手问老师	突破教学难点：采用分组讨论、老师用多媒体动画演示总结的形式突破难点，互帮互助，团队合作
成果展示、评价（10min）	互评（见附1）：活动1：教师组织学生对每组进行互评，主要包括：1. 触摸屏页面美观合理；2. 触摸屏实现相应功能；3. 操作标准、规范、安全。自评（见附2）：在完成互评后，教师组织学生根据展示情况，完成自评。教师评价（见附3）	学生按组进行评价，第一组展示时第二组根据评价表进行评价，完成互评一栏，一组完成后，二组展示，第三组给予评价，以此类推。学生根据任务单上的评价表实事求是完成自评，及时对自身学习过程中出现的问题进行反思。学生从教师点评中知道自己存在问题	使学生获得完成任务成就感的同时，也让学生当回老师，评价他人的成果同时，体会本次课的乐趣；通过自评发现本次实训中还存在问题，期待后续的提升
拓展任务（5min）	布置任务

清理工位，打扫实训室 | 通过资源平台资料进行自主预习。学生按照7S规范进行整理。1. 提交任务单；2. 断开设备总电源；3. 关闭计算机；4. 整理好通信线并打扫实训室 | 培养学生自主学习能力

养成良好职业素养 |
| | 教学反思 | | |

1. 效果

（1）学生课堂参与率、满意度、任务完成率明显提高，达到预期教学目标；

（2）学生先做，教师后讲，充分体现学生的主体地位，培养学生自主探究能力；以学生为中心的小组合作学习贯穿整个课堂，学生团队协作意识明显增强；教师根据考核评分项给每个小组逐项评分，学生的自评、互评较好地对学生的表现进行了客观评价。

续 表

教学反思
2. 特色创新 （1）信息的合理使用，优化了教学进程，帮助破解了教学重难点； （2）多元化的考核评价体系，考核全面合理。 3. 反思诊改 继续加强资源平台和移动终端APP的利用，制作更多的实效微课视频，以便更好地为教学服务

附1：

学生互评评价表（权重20%）

姓名		班级		学号		时间	
项目		评价要点				配分	得分
成果评价	触摸屏界面美观合理					10	
	成果显示是否正确					10	
	实训设备能够正确使用					10	
	操作标准规范					10	
工作过程	专业知识掌握程度					5	
	任务完成速度和质量					10	
	是否按照工作计划完成学习和工作任务					10	
	能否即时解决学习与工作中出现的问题，确保计划顺利实施					10	
	是否在工作中严格执行7S管理					10	
情感态度	是否有成员之间的交流合作					15	
	是否有创新意识						
	实践动手操作的兴趣、态度和积极性						
合计						100	
简要评述							

附2：

学生自评评价表（权重20%）

姓名		班级		学号		时间	
项目		评价要点				配分	得分
成果评价		触摸屏界面制作能否灵活掌握				10	
		实训设备能够正确使用				10	
		接线是否正确				10	
		成果显示是否正确				10	
工作过程		专业知识掌握程度				5	
		任务完成速度和质量				10	
		是否按照工作计划完成学习和工作任务				10	
		能否即时解决学习与工作中出现的问题，确保计划顺利实施				10	
		是否在工作中严格执行7S管理				10	
情感态度		是否有成员之间的交流合作					
		是否有创新意识				15	
		实践动手操作的兴趣、态度和积极性					
合计						100	
简要评述						学生签名	

附3：

教师评价表（权重60%）

姓名		班级		学号		时间	
项目		评价要点				配分	得分
平时表现评价		出勤情况				5	
		穿戴情况				5	
		纪律情况				5	
		学生学习主动性				5	

续 表

项目	评价要点	配分	得分
平时表现评价	6S执行情况	5	
综合能力评价	课前准备：是否根据教师提供的资料完成项目知识的预习	5	
	对所实施任务的认识程度	15	
	是否能完成触摸屏界面的制作	10	
	是否能够细致耐心调试程序并执行正确	10	
	是否在工作中严格执行7S管理	20	
情感态度	互动和团队合作	5	
	创新情况	5	
	实践动手操作的兴趣、态度和积极性	5	
合计		100	
总评（综合前两项自评和互评得分后）			
简要评述		教师签名	

133

《PLC编程结合变频器的七段速正反转控制》教学设计

授课教师：黄时玲

课题	PLC编程结合变频器的七段速正反转控制	科目	变频器实用技术	课程类型	专业课
授课教师	黄时玲	授课对象	机电专业（工业机器人方向）	课时	2课时
教材	《变频器实用技术》	版本	王建、徐洪亮主编机械工业出版社		
教学方法	教法：任务驱动式项目教学法、以学生为中心教学法、学生师徒法 学法：小组学习法、合作学习法、自主探究法				
学情分析	课程培养目标分析	使学生了解变频器基本工作原理，掌握变频器的结构、运行特性；提高学生选择、使用和维护变频器及电气控制设备的能力			
	知识、能力基础分析	大部分学生已经掌握变频器的结构、变频器面板的名称及功能、预置参数的基本操作步骤、手册查询等知识，并掌握一定的PLC知识			
	学习特点分析	对理论学习兴趣不高，学习积极性不够，觉得理论既枯燥又难学。对直观地看与做感兴趣，希望通过实训掌握知识，大部分学生动手实践积极性比较高			
	对策分析	针对学生的实际情况，在设计教学时，体现以学生为中心的教学理念，将理论知识渗透在实训中，让学生在实训的过程中学习理论和技能			
教学目标	知识目标	掌握PLC编程结合变频器七段速正反转控制相关参数的功能及设置			
	能力目标	能用PLC编程结合变频器实现七段速正反转控制			
	情感目标	培养学生勤于思考、刻苦钻研、做事认真、勇于探索的良好品质			
教学重点	PLC编程结合变频器七段速正反转控制I/O端口分配及PLC与变频器的接线				
教学难点	PLC与变频器的接线				
授课类型	理实一体化课				
教学准备	教具准备：多媒体设备、教学课件、微课、实训工具、材料、变频器使用手册； 学生准备：复习预置参数的基本步骤，查询手册思考各参数应设为何值，并尝试画出PLC与变频器的接线图				

续 表

教学环节	教学内容	教师活动	学生活动	设计意图及目标达成预测	时间分配
课前准备	布置课前准备任务： 1.熟悉使用手册的查询方法； 2.复习变频器参数设置的步骤和方法； 3.思考PLC与变频器如何连接并尝试画出接线图	1.布置课前准备任务； 2.制作课件和摄制视频； 3.准备好实训工具、材料； 4.准备好白板的板书	按要求完成课前准备任务	通过课前准备任务，为新课的教学做好各种准备，同时培养学生勤于思考、勇于探索的能力	课前
项目引入	校训、学风教育	营造学习氛围	报组名	渗透校训、学风专业思想培养	约5min
	用名人的故事进行专业思想培养	用PPT讲述名人的故事	倾听、思考		
	1.播放变频器的七段速控制视频并提问"视频中的电机是如何实现七段速控制的？"（复习旧知） 2.通过问题"还有其他的方法可以实现电动机的七段速正反转控制吗？"（引出新课）	1.播放视频，引导学生回答问题； 2.幻灯片展示问题：还有其他的方法可以实现电动机的七段速控制吗？ 3.引导学生说出PLC编程结合变频器实现七段速正反转控制	1.回答复习问题：通过变频器改变频率实现电机七段速控制； 2.在老师的引导下说出PLC编程结合变频器实现七段速正反转控制	1.通过设置问题情境复习旧知； 2.通过设置问题情境引出新课	
项目准备	1.任务呈现：解读任务，确定各参数值并填表； 2.引导学生完成七段速正反转设定表；	1.播放多媒体课件，引导学生说出各参数的设定值； 2.讲解并引导学生完成七段速正反转设定表；	1.说出各参数的设定值； 2.完成七段速正反转设定表；	1.引导学生学会分析解决问题，掌握解决问题的方法； 2.引导学生开动脑筋，充分利用设备完成实训。培养学生勤于动脑的品质；	约15min

教学过程

教学环节	教学内容	教师活动	学生活动	设计意图及目标达成预测	时间分配
项目准备	3.根据设定表画出七段速正反转控制梯形图； 4.引导学生完成PLC的I/O端口分配表； 5.根据I/O端口分配表画出PLC与变频器接线图； 6.播放微课	3.讲解并引导学生画出七段正反转速控制梯形图； 4.讲解并引导学生完成PLC的I/O端口分配表； 5.引导学生画出PLC与变频器的接线图； 6.播放接线视频	3.掌握七段速正反转控制梯形图的方法； 4.完成PLC的I/O端口分配表； 5.掌握PLC与变频器接线图的绘制方法； 6.观看微课	3.利用视频突破本节课的难点：PLC与变频器的接线。为学生完成后续的实训做好铺垫	约15min
项目实施	1.教师布置实训任务； 2.学生根据下发的任务书完成项目实训任务，实现PLC编程结合变频器的七段速正反转控制； 3.教师鼓励学生多做小师傅，多教徒弟	1.布置实训任务； 2.强调安全文明生产； 3.巡视学生实训过程，记录存在的问题并进行个别指导和答疑解惑，提出需要改进的地方； 4.提醒学生注意通电前确认线路安装正确； 5.巡视过程中拍摄学生实训的照片； 6.鼓励已完成实训任务的学生争取多做小师傅，巩固所学知识的前提下多发现问题，多解决问题，多学习	1.小组合作探讨填写任务书的表格及实训注意事项； 2.准确规范地安装电路； 3.按照实训要求记录数据； 4.已完成实训任务的学生争取多做小师傅，把自己学会的知识、技能教给暂时还没掌握的同学； 5.力求每个学生都能实现PLC编程结合变频器的七段速正反转控制	1.指导学生正确操作，培养学生规范操作意识； 2.充分发挥学生的课堂主体作用。培养学生勤于思考、刻苦钻研、做事认真、勇于探索的良好品质； 3.使学生在实训中提高自主学习的能力； 4.学生在解决问题的过程中增强学习自信心并提高专业技能	约45min

教学环节	教学内容	教师活动	学生活动	设计意图及目标达成预测	时间分配
分享与评价	1. 分享实训心得或成果； 2. 教师评价	1. 展示巡视过程中拍摄制作的音乐相册； 2. 点评学生的实训情况	分享实训心得或成果	1. 通过展示实训照片提高学生的参与性。 2. 通过分享实训心得或成果使学生体验成功的乐趣。 3. 及时真实的教学评价，激发学生学习热情。并进一步规范学生的操作	约10 min
小结与作业	1. 小结； 2. 布置作业	1. 引导学生总结本项目的重要知识点； 2. 引出下节课的任务	在老师的引导下说出本项目中的重要知识点	1. 通过总结，加深学生对知识的理解掌握； 2. 布置下节课的任务	约5 min
板书设计	将I/O端口分配表及接线图写在白板上，清楚地展示了项目的重点、难点，便于学生实施项目 PLC编程结合变频器的七段速正反转控制 1. PLC与变频器接线图 PLC与变频器接线图 2. 运行模式参数 启动指令：PLC信号				

续 表

频率指令：PLC信号、pr.79=2

3. I/O端口分配

I/O端口分配表

I端口		O端口	
X0	S0	Y0	RL
X1	S1	Y1	RM
X2	S2	Y2	RH
X3	S3	Y3	STR
X4	S4	Y4	STF
X5	S5		
X6	S6		

板书设计（左侧标题）

教学反思

本课使用了任务驱动式项目教学法＋小组教学法＋学生师徒法。课中以学生实训为主，把课堂还给学生，体现了"以学生为中心"的教学理念。小组合作学习则培养了学生的团结协作意识，使学生学会在合作中成长，能发现他人的优势并相互学习。学生师徒法的运用则培养了学生互帮互助的精神。

运用了QQ、微信、音乐相册、微课、课件等现代化信息技术手段，充分激发了学生的学习兴趣，既突破了教学难点又提高了教学效率。

运用多元化评价体系，教学评价贯穿了课前、课中、课后，科学有效地反映了教与学的情况。

从教学效果上看，学生安装的电路检测合格率、设置的参数准确率可达90%，而传统教学课堂只达到60%左右；从学生的参与度上看，学生的课堂参与度较传统教学有明显提高。值得注意的是：

本实训涉及变频器和PLC编程的知识，学习难度较大，有些学生搞不清楚I/O端口分配表跟PLC与变频器接线图间、七段速正反转设定表与七段速正反转控制梯形图间的关系，导致完成任务过程中无法顺利画出PLC与变频器接线图、七段速正反转控制梯形图，应在以后的教学中使学生明白I/O端口分配是PLC与变频器接线的依据、七段速正反转设定表是画出七段速正反转控制梯形图的依据，注重引导学生如何正确画出PLC与变频器接线图、七段速正反转控制梯形图。

学习过程中个别学生由于基础差、学习兴趣不大等原因导致最终没有完成实训任务。对于这些学生，可借助学生小师傅的力量，尽量使他们在碰到学习困难时能得到帮助，力求使每个学生的专业技能都得到提升附：

PLC编程结合变频器的七段速正反转控制任务书

姓名_____   工位号_____   组员_____

一、实训目的

1. 掌握PLC编程结合变频器七段速正反转控制相关知识。

2. 熟悉PLC程序的编写及变频器的运行、调试及操作方法。

二、实训工具、材料和设备

HB-GYZDH型工业自动化综合实训平台、1.5mm导线若干、万用表一台、通用电工工具一套等。

三、实训内容

1. 任务呈现

某车床上的一台三相异步电动机的功率为0.18kW，额定电流为1.08A，额定电压为220V，额定频率50Hz。现要求通过PLC程序、参数设置和外端子接线来控制变频器的运行输出频率，实现电动机的七段速正反转控制。要求电动机的加速时间设为4s，减速时间设为2s，转矩提升设为6%。（极数为4）

2. 相关功能参数的含义及设定操作（重设参数前将已设参数清除）

查找手册，将表中给出的功能参数代码的功能填写完整，并按任务要求设定参数。

参数代码的功能

参数代码	功能	设定数据及内容
Pr.0		
Pr.1		
Pr.2		
Pr.3		
Pr.4		
Pr.5		
Pr.6		
Pr.7		
Pr.8		

参数代码	功能	设定数据及内容
Pr.9		
Pr.14		
Pr.24		
Pr.25		
Pr.26		
Pr.27		
Pr.77		
Pr.78		
Pr.79		
Pr.80		
Pr.82		
Pr.83		
Pr.84		
Pr.178		
Pr.179		
Pr.180		
Pr.181		
Pr.182		

3. I/O端口分配表

I/O端口分配表

I端口		O端口	
X0		Y0	
X1		Y1	
X2		Y2	
X3		Y3	
X4		Y4	
X5			
X6			

4. PLC与变频器接线图（学生完成）

5. 七段速正反转设定表

七段速正反转设定表

速度	端子输入			参数	设定频率
	RH-SD	RM-SD	RL-SD		
1速（高速）	ON	OFF	OFF	Pr.4	50Hz
2速（中速）					
3速（低速）					
4速					
5速					
6速					
7速					

6. 七段速正反转控制梯形图（学生完成）

7. 运行操作

（1）接通_____与SD，PLC输出端Y2、Y4有输出，_____、_____与SD接通，电动机将工作在第一段速、正转50Hz的连续运行状态。断开X0，电动机停止。

（2）接通_____与SD，PLC输出端Y1、Y4有输出，_____、_____与SD接通，电动机将工作在第二段速、正转30Hz的连续运行状态。断开X1，电动机停止。

（3）接通_____与SD，PLC输出端Y0、Y4有输出，_____、_____与SD接通，电动机将工作在第三段速、正转15Hz的连续运行状态。断开X2，电动机停止。

（4）接通_____与SD，PLC输出端Y0、Y1、Y4有输出，_____、_____、_____、_____与SD接通，电动机将工作在第四段速，正转20Hz的连续运行状态。断开X3，电动机停止。

（5）接通_____与SD，PLC输出端Y0、Y2、Y3有输出，_____、_____、_____、_____与SD接通，电动机将工作在第五段速、反转25Hz的连续运行状态，断开X4，电动机停止。

（6）接通_____与SD，PLC输出端Y1、Y2、Y3有输出，_____、_____、_____与SD接通，电动机将工作在第六段速、反转45Hz的连续运行状态，断开X5，电动机停止。

（7）接通_____与SD，PLC输出端Y0、Y1、Y2、Y3有输出，_____、_____、_____、_____与SD接通，电动机将工作在第七段速、反转10Hz的连续运行状态，断开X6，电动机停止。

8. 按要求记录数据

不同输出频率对应的电流电压值

速段	正转				反转		
	一段	二段	三段	四段	五段	六段	七段
输出频率（Hz）	50	30	15	20	25	45	10
输出电流（A）							
输出电压（V）							

四、拓展思考

请思考如何用PLC编程与变频器实现十五段速控制并尝试画出I/O分配表。

五、教学评价

项目验收评价表

评价项目	评价内容	评分标准	配分	自评 M1	组员评 M2	老师评 M3	得分 M
绘图	能根据任务要求绘制电路	画图不符合标准，每处扣1分；电路绘制不正确，每处扣2分	10				
参数设置	能根据任务要求正确设置变频器参数	参数设置不全，每处扣1分；参数设置错误，每处扣2分	30				
接线	能正确使用工具和仪表，按照电路图接线	元件安装不合要求，每处扣2分；接线不规范，每处扣1分	10				
调试	能根据接线、程序和参数设置，正确进行现场调试	变频器操作错误，扣10分；调试失败，扣20分	30				
安全文明生产	操作安全规范、环境整洁	违反安全文明生产规程，扣5～10分	10				
其他表现	学习态度、学习纪律、合作互助精神	违反课堂纪律、缺乏合作精神扣5～10分	10				
总分							

（说明：每项得分M=M1×0.3+M2×0.3+M3×0.4）

机电技术应用专业小组合作学习随堂评价表
（工业机器人应用与维护）

班级：____　教师：____　____年__月__日　模块：____　项目名称：____

组别组长	小组成员	学习态度（1分）	绘图与讨论（2分）	参数设置（2分）	接线与调试（2分）	安全生产（1分）	学习结果（2分）	总分	排名
进德组长									
修业组长									

组别组长	小组成员	学习态度（1分）	学习过程（随堂评价）				学习结果（2分）	总分	排名
			绘图与讨论（2分）	参数设置（2分）	接线与调试（2分）	安全生产（1分）			
精技组长									
慎行组长									
勤学组长									
苦练组长									
强技组长									
守纪组长									

（评分方法：基础分5分，以1为单位加分。）

《弹簧热处理》教学设计

授课教师 _范桂立_ 班级____ 第___周 ___年_月_日 星期__

课程	焊工与热处理	专业	机电	教学对象	中职一年级
课题	弹簧热处理	课型	理实一体化	课时	4课时
教学内容分析	《弹簧热处理》项目内容是本课程的一个重点的教学内容。要求教会学生掌握各种需要热处理的工件时，会应用热处理的三要素以保证热处理质量。本项目的学习，将有效提升学生在实习、技能竞赛和就业后进行热处理工艺时的技能水平				
学情分析	本项目的教学对象是机电专业一年级学生，学生已学习钢的热处理相关理论知识和气焊设备基本使用方法的知识，有一定的理论基础。但对所学理论知识的应用能力较差，在热处理时未能采用较正确的方法，导致没有达到热处理的目的				
教学目标	知识目标	通过弹簧热处理操作使学生能够掌握热处理的三要素，理解常用热处理的目的、应用和区别			
	能力目标	学生通过弹簧热处理操作，掌握好弹簧热处理三要素控制方法。预防和解决热处理过程出现的质量问题			
	素质目标	通过小组合作学习，提高学生职业道德和敬业爱岗精神			
教学重点	热处理的三要素		突出重点的方法		示范讲解 任务驱动
教学难点	常用热处理的目的、应用和区别		突破难点的关键		心理辅导 小组探究
教学方法	任务驱动法、小组探究法		教学手段		课前导学案 微课导学
教学准备	1.制定课前任务书，引导学生寻找和利用学习资源开展自主学习； 2.编写教学设计；制作辅助教学PPT和微课；小组课堂评价表（教师评）；小组成员评价表（组长评）； 3.教具准备：①弹簧丝56mm；②冷却油；③卷簧机				

教学过程				
理论教学（20）				
教学环节	教学内容	教学实施		教学意图
		教师活动	学生活动	
创设任务情境（1min）	讲述弹簧的基本形状及在汽车上的基本作用； 导出学习任务，激发学生求知欲望	1. 用PPT展示弹簧的基本作用； 2. 展示奥迪汽车的弹簧减震，激发学生的学习兴趣	1. 倾听，思考； 2. 回答问题	用实际问题激发学生求知欲
复习相关知识（4min）	复习热处理的基本过程： 热处理的基本过程图	1. 讲解热处理的三要素； 2. 引导学生查阅学习资料	1. 思考，回答问题； 2. 查学习资料附录，得出热处理有哪些方面	温故知新，为后续热处理方法做铺垫； 学会查表，提升专业能力
讲授新课（12min）	1. 概述：弹簧制作工艺的基本过程，并提出任务和要求。 2. 操作安全要求： （1）焊枪不能对着他人或自己，拿弹簧时要用钳子以防烫伤。 （2）卷簧时注意不要卷到手指。 （3）测试弹簧的弹性时注意重物不要滑落。 3. 小组讨论探究，提问	1. 在PPT中用图片展示弹簧制作基本过程； 2. 在PPT中用图片展示弹簧热处理时容易发生的安全事项； 3. 布置讨论内容	1. 积极思考，理解定义； 2. 认真观察，记住操作要领； 3. 讨论探究，提出问题，填写导学作业	示范启发 解疑释惑
板书设计	项目五　弹簧热处理 1. 复习热处理的基本过程 热处理三要素：加热温度、保温时间、冷却方法。 2. 弹簧制作基本过程 概述：弹簧制作工艺的基本过程，并提出任务和要求			

复习相关知识栏图示：温度—时间坐标图，显示加热、保温、冷却过程，标注"临界点"。

续　表

理论教学小结（3min）	通过上述的理论教学，弹簧热处理操作使学生能够掌握热处理的三要素，理解常用热处理的目的、应用和区别。为进行实际操作做好理论准备			
实操教学（140min）				
教学环节	教学内容	教学实施		教学意图
		教师活动	学生活动	
课前任务	学生完成导学案的相关内容	制定导学案	完成导学案相关任务	为实训做好针对性准备
教师示范（20min）	教师示范： 1. 热处理各工艺 （1）火焰加热温度颜色； （2）弹性检验； （3）归纳：热处理名称、目的、原理（晶格畸形变小\变大\不变）； （4）卷簧卷6圈，两端要预留挂钩用于测试。 2. 学习小组PK （1）在测试架上测试弹簧的弹性，并记录初始长度$L0$：_____和挂重物后的长度$L1$：_____相对拉伸长度ΔL：_____（$\Delta L=L1-L0$）评判标准：相对拉伸长度ΔL最短的为胜； （2）学习小结表中的数据最准确地为胜	1. 实物示范操作步骤； 2. 用微课展示操作步骤； 3. 用PPT图片展示热处理弹簧丝各种温度颜色	1. 认真观察； 2. 记住要领	示范启发，培养严谨细致的职业习惯
实际操作（100min）	实际操作，完成任务： 1. 小组合作，探究问题，完成导学案任务； 2. 学生操作，完成弹簧制作	1. 观察学生操作，对各小组进行过程性评价； 2. 巡堂辅导，表扬先进，鼓励有进步的学生	1. 完成前置任务和操作任务； 2. 组长对组员进行评价，推荐优秀学员	进行过程性评价，调动学习积极性，营造小组竞争氛围

续表

教学环节	教学内容	教学实施		教学意图
		教师活动	学生活动	
成果展示（20min）	成果展示： 1. 分享小组生产弹簧时各成员合作情况（例如：人人为我，我为人人；分享自己和别人的数据）。 2. 分享小组生产弹簧时成功或者失败经验（例如：卷簧时很容易加工成型或卷不了成型；弹簧加热温度、保温时间、冷却时机控制得刚刚好，弹簧弹性很好或控制得不好造成弹簧弹性过低等等。）	1. 对学生成果展示进行点评和小结； 2. 宣读各小组课堂表现评价结果和优秀组员结果	1. 听汇报； 2. 质疑和补充	分享快乐，借鉴经验，激励积极性
板书设计	1. 示范 热处理各工艺。 2. 实际操作，完成任务 3. 成果展示 4. 教师小结 （1）热处理是在固态进行的； （2）工艺Ⅰ即退火：加热后金属组织转变晶格间隙增大，碳向外析出，晶格畸形变小，硬度变小，容易加工成各种形状； （3）工艺Ⅲ即淬火：加热时金属组织转变晶格间隙增大能融入更多的碳，突然油冷，碳使晶格畸形增大，硬度增加恢复弹性； （4）工艺Ⅳ即中温回火：消除工艺Ⅲ淬火后的内应力、稳定工件尺寸。但金属组织不发生变化； （5）热处理的三要素：加热温度、保温时间、冷却方法；改变其中的加热温度和冷却方式，可以演变出不同的热处理工艺。例如，调质处理（淬火+高温回火）			

教学反思
成功之处： 通过弹簧热处理操作使学生轻轻松松就能够掌握热处理的三要素，理解常用热处理的目的、应用和区别。 不足之处： 在小组PK时，测量弹簧拉伸长度比较难准确测得。

续 表

教学反思
改进措施： 要增加学习的趣味性，测量弹簧拉伸长度改为在杆上测量弹簧的弹的高度，这样教学效果更好

📖 精品教学反思

《三针法测量梯形外螺纹中径》市级公开课教学反思

佛冈县职业技术学校　黄坚强

2016年12月28日，我在清远市职教类教师工作室终期检查中上了市级汇报课（公开课），课题是《三针法测量梯形外螺纹中径》，属机械专业课。本次终期检查汇报课有来自全市中职学校的30多名专家和骨干教师参加。公开课上了不少，但这是我人生中第一次上市级公开课，也是第一次有这么多高水平的专家和老师对我的公开课进行深入的评价，是我展示多年教学经验和研究成果的好机会，我倍感珍惜，但也压力重重，把压力转变为动力才是硬道理，从思想上高度重视，并用实际行动来释放压力。

本节公开课是以理实一体化教学模式为基体，采用项目教学法和小组合作学习的组织形式开展教学。公开课以学生报组名和口号拉开序幕，让课堂的气氛一开始就热烈起来，接着以感动中国人物林俊德的先进事迹提升学生的思想，用市技能竞赛的案例创设任务情境，检查和点评学生的导学案做铺垫，通过实用的微课展示操作原理和步骤，采用思维导图形象地把课程内容的重点展示出来，用迅速娴熟的示范攻破难点，最后由学生实际操作和进行成果展示结束。整节课下来，师生互动很热烈，过程性评价贯穿课堂每一个环节，充分调动了学生的积极性，始终体现了学生的主体地位，教师的主导作用，彰显了职业教育特色。

听完公开课后，专家组成员清新职校黎娜主任对公开课进行了全方位的评价，给予了高度的总体评价。教案设计完整有创新、课前准备充分，值得学习；对手机管理到位，学生组织到位，联系实际，能把社会热点（社会主义核心价值观）融合到小组的名称和口号中，注重培养学生的综合素质；微课制作质量较高；课堂环节紧凑，理念到位，奖励机制到位，关注学生课堂表现，对学生课堂表现能及时给予评价，学生参与度高，体现了学生的主体地位，教师热情、负责的上课态度，对学生感情投入，让人钦佩，值得每一个老师去学习，最后黎主任还鼓励我参加省级比赛。市教育教学研究院梁美娟研究员了解了我的研究成果的推广情况，清远工贸职校工作室成员和市职校相关教研室领导对我上的公开课也持认可态度，并向我提出了更为合理的课堂时间安排建议，我一一表示批判性接受。

是的，专家的肯定和鼓励固然是好事，给我注入了无穷的力量，说实在的也让我陶醉了好一阵，甚至有些飘飘然的感觉。但当我清醒过来，静静反思后，感觉自己在教学上还是存在很多不足，在这节课中还有很多可以提升的空间，归纳如下：

（1）在进行专业思想培养时，可把林俊德院士的事迹制作成微视频来展现，让过程更真实、更生动，效果会更佳。

（2）《三针法测量梯形外螺纹中径》微课的制作可从如下三点提高：①每次测量M值时，给千分尺的读数一个特写镜头，让学生清晰地看到每次测量的M值；②每次测量记录的M值可以列个表放在画面的右侧或适当位置；③说明多次测量M值与计算螺纹中径的关系。

（3）少数小组的任务完成得不是很好，究其原因是在调千分尺时浪费了时间，教师可适当引导学生采用去除系统误差的方法来获取准确读数，从而让小组在良性竞争中获取主动。

（4）要想提升自己的教学水平，还需多向专家请教，拓宽视野，认清方向。

诚然，近年来在自己的努力下，我能感觉到在教学的路上一直在进步，这归功于自己一如既往的教学反思，教学反思的确能使人进步，而且要不断进入微反思。我会时刻保持反思状态，让自己永远走在前进的路上！

（2017年6月6日）

《基于项目教学的小组合作学习》教学反思

佛冈县职业技术学校　黄坚强

　　近两年，我校一直在实践基于理实一体化基础上的"学案导学、自主探究"教学模式，这种教学模式的一个重点在于课堂教学以学生的小组合作学习为主。高效课堂教学方式中提出了学生学习方式的变革，改变课程实施过程中过于强调接受学习，死记硬背，机械训练的现状，倡导学生自主、探究、合作的学习方式。小组合作学习正是基于这一理念的一种新型的学习方式，它能改变传统课堂教学中那种单一、僵化的弊端，真正让学生成为学习的主体，促进学生主动全面地发展。结合我校实际情况，一学年来我们开展了小组合作学习方面的探究和课堂实践。

一、开展的工作

　　学生刚刚从传统的教学模式中走出来，他们习惯了独立思考、一问一答的学习方式，突然间要让学生以小组合作的形式去解决某些问题，学生有些迷茫，甚至很不习惯这种做法。之前，学生合作学习大多是在老师的要求下进行的。而事实上，小组合作学习应该是学生学习的自发性行为，而不应该是老师的要求性反应。因此，有效地开展小组合作学习，我们着力于下面几方面的工作。

　　1. 培养学生的合作意识，这是开展小组合作学习的根本

　　（1）建立固定合作小组。这是最基本的条件，小组成员一般控制在5～6人。经过长期的合作学习之后，使之感觉到我们是一个学习团体，我是这个小组的一员，潜移默化地培养学生的合作意识。

　　（2）着力培养和提升小组长的领头羊能力，提升他们的组织能力和技能，成为老师实施导学的得力助手，能否培养好他们将成为开展小组合作学习成败的关键。

　　（3）进行学习方式培训，积极收集小组合作学习相关资料，向学生介绍小组合作学习的优点和对学生以后就业的帮助。例如，介绍小组合作学习方式的优点，以及适当的激励机制，使学生产生自主、合作、探究的欲望。

（4）举行小组合作学习竞赛、评比活动，定期、不定期地进行评优，激发学生合作的积极性，养成合作学习的习惯。

2. 洞察学生合作需要的时机

选择小组合作学习要根据一节课的教学内容和学生的实际情况来定。在任务多，时间紧，学生学习产生困惑，又不具备独立完成的条件和能力时就可以开展小组合作学习，以期获取更大的总体效果。在小组长的组织下，对小组成员进行分工，及时通报进展情况，最后把有价值的信息推荐给全班同学，实现最大程度的合作学习。

3. 科学地进行分组

科学分组对于小组合作学习模式来说是非常重要的一环。每个小组成员的组成，遵循"组内异质，组组同质"的原则，即根据学生学习成绩、能力倾向、个性特征等进行分组，这样小组合作成员，就可以取长补短，促使学生之间互相学习，并形成组与组之间能力方面的相对公开竞争，促成良性竞争氛围。每组一般为5人，进行分工。一般分为五种角色：组织、记录、汇报、总结及评价。每位成员必须承担一定的任务，明白各自该为小组做什么，任务可以自己挑选，也可以相互轮换，最后由组长确定。这样为学生创造多种尝试的机会，使之形成一个利益共同体，确保每一次合作学习的质量，增强学生的合作意识和责任感。

4. 适时地引导深入

在小组合作学习时，教师时刻关注学生的学习动态，合理引导，积极调控。学生在交流的过程中，了解他们合作的效果、讨论的焦点、思考的疑难点，引导学生完成任务，成为学生学习的"引导者"；及时表扬反应速度快、有创新的学生，并通过小组询问、个别询问等途径进行调查，教师要及时把没有参与到小组合作学习中或长时间保持沉默的成员置于小组的讨论中，有效地促进小组合作，成为"促进者"；当小组间提出问题，产生争论时，应深入小组中去参加小组的讨论，共同寻找解决问题的方法，成为他们的"合作者"。教师参与小组讨论，是鼓励、引导、促进学生寻找答案，绝不是给出答案。

5. 合理地评价结果

小组合作学习需要小组合作成员的共同努力，每个小组成员必须尽最大努力，才能实现小组目标。因此评价不能只针对个人，还要针对小组，这样才有利于提高小组合作学习的积极性。

进行评价时要把学习过程评价与学习结果评价相结合，以鼓励评价为主，同时参照对合作小组集体评价与对小组成员个人的评价。小组合作学习过程评价从自主学习、合作探究、成果展示、学习效果方面来评价；对小组成员的评价主要从小组分配的任务是否完成、与别人合作交流是否积极等方面来评价。通过评价，选出优秀的小组和个人，形成竞争，以利于下一次合作学习的开展。

总之，小组合作学习是一种行之有效的学习方式，是培养学生良好学习品质的学习方法，合作学习应和其他学习方法尤其是独立学习有机的结合，在培养合作精神上又有自己的独立见解，真正地做到各抒己见，取长补短，集思广益。

二、取得的成绩

在师生的不懈努力下，小组合作学习的工作有了突破性的进展，取得了令人满意的效果，达到了预期的目标。在今年的市教学检查公开课和工作室终期检查市级公开课中，由于课堂气氛活跃，教学设计选题合理，分析具体，导入新颖，教学过程环节完整，教学环节融入核心素养的培养，如创新、发现问题能力，课堂管理到位，形成性评价和终结性评价到位；注重培养学生的综合素质，信息技术应用合理，有效提升课堂教学效率和质量，如微课制作、UMU互动平台的评价应用等。教学效果受到市检查专家的高度好评。

三、存在的问题和反思

在小组合作学习实践过程中，由于对小组合作学习的认识、组织和操作还理解得不够透彻，效果还不够好，有待进一步加强。

（1）没有最大限度地激发学生"动"的欲望。学生参与的面还不够大，有一小部分学生还没有参与到小组合作学习中，也就是说还没有最大限度地激发学生"动"的整体欲望。

（2）小组合作学习对老师的要求特别高，内容要优化，语言要精辟，环节设计要紧凑，时间控制要合理。这些方面还有待提高。

（3）合作学习过程中的讨论效果不够好，有待加强小组讨论的组织和引导，提高讨论的有效性。

总之，小组合作学习不是一朝一夕就能实现的，需要我们教师不断指导和长期熏陶，并不断学习和探讨，不断改进、反思、修正。我相信随着现代职业教育理念的不断发展，随着我们认识的不断提高，我们对小组合作学习的研究会进一步深入。作为一名中职教师，我甘当项目教学的小组合作学习的改革先锋，用鲶鱼精神去实践，相信项目教学的小组合作学习的明天一定会灿烂多彩！

（2017年1月5日）

《五等分圆周与正五边形》教学反思

佛冈县职业技术学校　李倩

　　《五等分圆周与正五边形》这节课与初中数学《正多边形与圆》有千丝万缕的联系，学生已经有了一定的正多边形的概念。从如何绘制五边形的角度，让学生重新回顾初中所学的利用圆心角等分圆周以及正多边形内角和定理（$n-2$）$\times 180°$，从而掌握机械制图比例等分法以及圆周系数等分法绘制五边形，培养学生的发散思维，学会从多角度，全方位处理和解决问题，所谓"条条大路通罗马"，让学生学会处理和解决问题的方法，开拓自己的思维。当然在教学时也要时时刻刻提醒学生：机械制图是工程界无声的国际语言，必须尊重它的机械和严谨，只有这样才能培养出熟练运用机械制图工程语言的一流技术工人。课后从学生的反应来看，我觉得有三点值得反思。

一、要创造性地使用教材

　　教材只是为教师提供最基本的教学素材，教师完全可以根据学生的实际情况进行适当调整。我对教材作了符合学生学情的处理，例如，从单纯画五边形变为画五角星，这样学生的学习兴趣一下子变得热情如火。

二、要因材施教，突破重难点

　　这节课的教学内容主要是用比例等分法五等分圆周和做正五边形的基本方法。因此，在教学中宜采用演示法，学生与教师同步画出图形。教师的画图动作力求准确、熟练，有较高的技巧，使学生掌握画图的要领。这样既有利于学生注意力的集中，又使学生掌握并巩固了所学的知识，成功地突破了重难点。

三、要注意学生情感培养，教书育人

　　学校是教书育人之地，但有很多科任教师却忽略了育人这个任务，这节正五边形的画法课，把它改成画五角星，与我们的国旗五星红旗相联系。通过展示五星红旗的五角星含义的解释，培养了学生的爱国主义情怀，特别是展示刘翔披着五星红旗在赛道上跑时，学生沸腾了。还有就是本节课在"以学生发展为核心"的理念下，采用小组合作学习，在师生之间、生生之间的互动中，都有一种情感交流，让学生分享快乐，借鉴经验，激励学生学习积极性。在教学活动中学生获得机械制图的思想、方法、能力、素质。所以要把冷冰冰的机械制图变成生气勃勃的一种思想来渗透。教育学生热爱生活、热爱祖国。"授人以渔"，为学生将来走向社会打下基础。

　　总之，在制图教学中应不断进取，不断总结，掌握教学规律，灵活运用各种教学手段，紧密联系实践，努力提高教学质量，以不断提高学生的学习兴趣，开拓学生的空间思维，提高学生空间想象能力，培养出社会主义建设所需的优良技能人才。

（2017年1月7日）

《PLC课程应用微课》教学反思

佛冈县职业技术学校　招翠娇

我所任教的课程是PLC编程应用，该课程所含指令多，知识综合性强，实践应用范围广，要求学生除掌握PLC的基础知识外，还要根据设计要求编写程序，这对基础知识较薄弱、学习积极性不高的中职生来说学习难度很大，对教师来说也是一门教起来较吃力的课程。

我在PLC课程项目教学过程中发现学生比较容易忘记知识，学习接受能力参差不齐，教师逐个去辅导的话一来时间不够，二来效果也不一定很好。那么有没有一种可以让教师单独辅导，兼顾不同学生的方法呢？有，那就是微课。

微课作为一种新的教学手段，具有教学时间短，内容少，易传播等特点，在现代教学中的应用是越来越广泛。现在很多学生都用手机上网，上课也可以用电脑，教师可以把制作好的微课发给学生，在课堂上没听明白的学生可以在课后观看微课来掌握。例如，在上正反转PLC控制的时候，我发现有部分学生对PLC接线的方法不是很理解，由于正反转控制在PLC课程中是最基本的电路，它的接线方法适用于很多控制，项目五《中智力抢答器》的控制也是正反转控制电路的一个延伸与拓展，如果学生没有掌握正反转控制的接线方法，对后续的学习也会存在相当大的困难。在上项目五《智力抢答器》这节课前，我把上节课正反转PLC控制的接线的内容制作成微课，在微课中把正反转PLC控制的接线步骤一一演示并总结方法，然后把微课视频发给学生，要求学生在课后自己对正反转PLC控制的内容进行巩固，并根据上节课掌握的知识对项目五的内容进行预习。在项目五讲解到PLC接线的时候，我发现即使我没有讲怎么接线，很多学生都能自己接出来，有部分不会的学生也能够再次回看微课视频把线路接好。我问学生他们为什么能够那么快把线路接好，学生都说跟上次发的接线视频方法差不多的，不会还可以再次回看。我又问学生这样发视频给你们自己看好，还是老师在课堂上讲好，很多学生都说自己看视频更清楚，更容易掌握。

通过微课，有一部分对知识掌握较好的学生，可以观看微课对比自己的做法，看看有无改进的地方，还有一部分还不会接线的学生，可以通过再次学习，掌握接线的方法。有些基础较差的学生可以通过反复观看来掌握。通过这样的微课教学，可以最大限度地兼顾不同学习能力的学生，教学效果明显提高，教师省心，学生省力，教学达到事半功倍的效果，这也让我下决心制作好微课。

微课有很多类型，按课堂教学方法来分，可划分为讲授类、问答类、启发类、讨论类、演示操作类、自主学习类、合作学习类、探究学习类等；按课堂教学主要环节（进程）来分，微课可分为课前复习类、新课导入类、知识理解类、实操类、小结拓展类等。但要制作好一个微课并不是一件简单的事情，制作微课并不是随随便便拍个视频就了事，我觉得最大的问题就是制作微课的时间成本很高，也需要掌握一定的信息技术，如视频的编辑、图像的处理、音频的处理等等，这也是很多教师没有在课程中使用微课的原因。

我将继续利用空闲时间多储备微课资源，不断提高自己的信息化水平，提升自己制作微课的能力，以便能在课程教学中发挥微课的巨大作用。

（2019年3月30日）

《弹簧热处理》教学反思

佛冈县职业技术学校　范桂立

在没有进行教学改革前，我们使用的教材比较注重理论部分且与操作技能严重脱节，这样有些教师在讲课的过程中就忽视了理论与实践的关系，造成了学生学无所用，用无所学；而我们的中职学生恰恰就是不爱理论学习，但有一定的动手能力，而且对事物充满好奇的一个群体。教学改革后，我校实施理实一体化的理念，这次《弹簧热处理》公开课就是在这样的背景下实施的，注重理论与生产实践有机结合，融会贯通，激发学生兴趣，从而达到良好的教学效果。

一、注重调动学生的学习积极性

在新课引入教学中，为了引起学生兴趣，我结合奥迪汽车弹簧的具体事例来讲解弹簧的基本作用和形状。学生的学习兴趣大增，起到了很好的效果。

在教学过程中设计好知识点让学生参与教学过程，如先给出工艺工序，然后学生自己来操作，教师只是对操作方法进行引导和指出注意事项，学生在操作中虽然有成功的和失败的，但在这样的实训过程中教师充分地给予了学生参与的权力和机会，充分体现了教师主导地位和学生主体地位。

二、注重直观性教学与生产实践紧密相连

钢的性能改变也就是热处理，即加热、保温、冷却三个阶段构成，如果我只是讲解加热的温度是多少，保温的时间是多少，冷却的时间有多长，就这么一串数字的罗列，学生会觉得枯燥无味。但学生自己操作，通过对钢进行加热、保温，直至冷却。这样本来需要通过大量理论得出的结论，通过简单的操作就使学生弄清了其根本原因，找出了热处理的三要素及热处理的目的和各种热处理方法的区别，达到了教学目标。

三、采用小组学习，培养学生的职业素养

现在的学生大都是以自我为中心，不愿意与他人合作，以后会与社会格格不入，不能与他人合作共同完成生产任务。通过生产弹簧学生体会到合作的重要性。还有就是稍微不注意弹簧热处理就不成功了，通过这样学生意识到技术不是随便就能学会的，从而培养学生的严谨职业素养。这样老师教得轻松，学生学得容易。

众所周知，职业学校的目的是培养出有动手能力的技术工人，但理论知识的缺乏往往会制约他们以后的发展，所以教师还要从弹簧生产中用到的热处理理论知识进行小结。提升学生的理论水平，培养出综合素质高的技术工人，为将来就业打好基础。

（2019年4月4日）

《图文并茂混合式排版》教学反思

佛冈县职业技术学校　陆奕俊

Word课程是计算机专业的基础课程，它对于培养学生的科学精神、创新精神和实践能力，提高学生对信息社会的适应能力等方面都具有重要的意义。在计算机专业教学中，必须以新的教学理念和教学理论为指导，探索适合信息技术课堂教学的教与学的新策略和新模式，将计算机技术教育的每一堂课真正转变为培养学生信息素养。以下是我对《Word 2010》中的一节课的教学反思。

一、课程内容与教法设计

本课为Word中最精彩的部分，体现了Word的超强功能，包括剪贴画、图片文件、艺术字、自选图形、文本框等内容，内容较多。

在教法设计上不再是"教师带着知识走向学生"，而是"教师带着学生走向知识"。学生是学习的主体，教师起引导作用。教师应如何引导？引导得怎么样？能不能调动学生学习积极性？能不能完成教学任务？要解决好这些问题，就要求教师应充分地熟悉教材，熟练各种操作，适时提出精心设计的"问题"，让学生产生疑难，引导学生积极思考，创设具有探究因素的问题性情境，以"任务驱动"的方式来激发学生学习兴趣，强化学生自主实践，分析和解决问题的能力。

《图文并茂混合式排版》这节课主要采取独立自学、合作探究的学习方法。让学生自主学习，有疑难问题研究解决。为学生创设了一个主动探究、自主学习的良好氛围，这是发挥学生的主体性的基础。有了良好的氛围，原本单调的学习过程变成了一个充满乐趣、充满想象、不断创新的过程；设计的任务具有很大的想象空间，学生敢于独立思考，敢于大胆想象，并通过实践探索实现自己的想法。这又为学生的创造性提供了展示的舞台，使学生真正学有所获。

二、本节课的优点

（1）在教学过程中，改变以往讲、演、练的教学模式，通过独立自学、合作探究的方法，使学生通过交流合作、小组比赛等形式，以任务为驱动，符合学生好胜的心理，同时又紧扣课题。因此学生的积极性很高，兴趣非常浓厚。

（2）教师关注个体的差异及面向全体学生。在任务设计中分层次列出任务，充分考虑到不同学习能力的学生，给出不同的标准及对尖子生适时的激励。

（3）及时反馈，掌握学生的学习效果。为提高学生的学习兴趣，我事先准备了一些用Word制作的非常精美的图文混排的板报，展示给学生，还收集了很多的美图供学生练习，总的来说，学生看了这些素材后，基本上都产生了兴趣，有了一定的学习动力。我还请完成知识点最快的同学上来给大家操作演示，当小老师，一方面给同学们树立了一个榜样，激发了学习动力，另一方面也使部分同学的疑难问题能够得到解决。为使学生达到更好的学习效果，在自学的同时，学生可以互相讨论，使自学不能解决的问题，在讨论中澄清。我在课堂上尽量多走动，多辅导，答疑解惑，保证每个学生都能学会。在知识点都掌握后，让学生制作贺年卡，练习刚才学到的知识。贺年卡的练习对图文混排这一课不是太适合，因为"文"太少，有的学生做完后，光有"图"没有"文"。但我考虑后觉得，还是应以兴趣为主，据我的经验，学生非常喜欢做贺年卡，只有感兴趣的事情他们才能认真完成。从结果看，由于时间较短，有创意的作品不多，但总的来说，他们能把刚学到的知识应用到具体实践中去。

（4）注重学生多种能力的培养。本课中，学生的自学能力、表达能力、小组合作能力与自我评价能力都得到了不同程度的培养。

三、本课的不足

本节课的容量较大，教学中对每个知识点渗透还不够彻底，对于少数学习有困难的学生没有及时地发现及处理。要加强小组合作的力度，学生在自主学习时遇到困难，少部分学生会请教本组成员，大多数则等待老师的帮助，所以平时的课堂教学要加强这方面的培养。"反馈"做得不够，最起码应让学生自己给自己打打分，自我评价一下自己制作的贺年卡怎么样。虽然评价的方式多样，但教师作为引导者，要注重平时与学生的亲切交流，使学生在课堂中敢说，想说。另外课堂总结也不够好，太简略，学生不能从全局上对本课有所把握。应在今后的授课中加以改进。

（2019年3月21日）

《电工电子技术与技能之电源电路》教学反思

佛冈县职业技术学校　陈焕彩

叶澜教授曾指出："一个教师写一辈子教案不可能成为名师，但一个教师写三年教学反思就有可能成为名师。"

讲教学质量很多时候我们总是把注意力放到课堂教学上，并且十分强调课堂教学效率，却很少反思教学过程。我个人觉得写教学过程反思能促进教学质量的提高。今天我和大家分享我在教学中的一个教学反思。

教学反思很多时候体现在课后反思，但我觉得课中反思也很重要！今年第一学期我任教18秋机电班的《电工电子技术与技能》这门课，刚接手这个班《电工电子技术与技能》授课任务时，他们已经上了电工基础的内容，我也咨询了之前的任课老师，大约了解了学生的一些情况。准备开始在这个班上的第一节课《电源电路》，做好了课件，准备好日常生活中的器材（如手机充电器等），胸有成竹地上课了，开始课堂气氛也很好，调动了学生的兴趣，但上课时间不到一半课堂纪律就不好了，有几个学生打瞌睡，我当时很纳闷也有点恼火，就停止授课来整顿纪律，然后接着授课，但讲课不到几分钟，课堂纪律又变回原样，感觉已经无法上课了，顿觉课堂纪律太差，得改变！得马上改变！该如何改变？我马上关掉了课件（虽然这课件是我辛辛苦苦准备好的，也配有一些小动画），用最传统的教学方法，我问学生答，学生答不是全班学生回答，而是以抽学生学号的方式回答，课堂气氛马上活跃起来，在汗颜中我勉强完成了这节课的教学任务。

课后我在反思，为什么课前准备得很好的，课还会上得这么失败！原因有二，一是我没了解清楚学生的学情，和之前的科任老师没有深入沟通，这个班学生上学期这门课是合班上课，成绩好的大部分学生转到另外一个专业。这个班的学生现在连变压器、电容是什么都忘了，甚至连电阻的指标也不知道。二是我有点想当然，以为做好了教学准备，学生就会上课认真听讲。针对这个班的学生情况要如何上这门课，教师要好好地进行思考，改变教学方法，设计好课堂问题让学生带着问题去看书，采用我问你答，尽量使用抽答，偶尔全班答，设立答中有奖、答错有罚，这罚可以是读一遍当堂课程内容的要点或唱唱歌等内容。

我认为接手一个新的班级授课，不要急于求成去教学新的教学内容，首要任务是了解清楚这个班学生的学习情况，根据学生对这门课的掌握情况，确定是马上授新课，还是将这门课以前学过的理论知识复习一遍、实操知识进行分解重温后，再循序渐进导入新课，不要为了教而教！

正所谓教无定法，在教学反思中不断吸取经验和修正不足，才能使教学技艺达到炉火纯青的地步！

（2019年3月25日）

《机械基础》教学反思

佛冈县职业技术学校　黄泽棠

　　本学期我担任16春机电班、16春数模班《机械基础》课程教学，回顾一学期的教学，感触颇多。尽管《机械基础》是一门很理性的学科，但情感教学对教学的成败也很关键。"职业教育有不同于科学教育与思想教育的特殊作用，它不是单纯的知识传授与技能培养，而是一种提高学生智力和智慧，培养学生创造能力、合作意识和个性，帮助学生初步形成正确的世界观、人生观、价值观的教育。"简而言之，职业教育是育人教育的重要途径，它的这一特点决定了职业教育教学所采用的方法要有别于其他学科。机械也要讲究情感的投入与心灵的交流，否则如无根之木，无源之水。但情感教育是一种春风化雨、润物细无声的教育，教师如何才能在潜移默化中让学生接受到这种情感教育呢？在实践中，我比较注意以下几点做法，现简述如下。

一、角色互换，拉近师生距离

　　努力改变"传道、授业"的模式，把主角的位置让给学生。不要在课堂上满堂灌，要让学生去观察、去思考、去讨论。教师可以采用小组合作模式进行授课，把课堂分成6个小组，自己坐到学生中间去，作为其中的一分子参与实践和讨论。从形式上拉近与学生的距离，营造一个愉快教学的气氛，让学生放松心情，带着轻松愉快的情绪去感受，才能得到愉快的体验。

二、合理评价，获得学生信赖

　　学生不管是完成任务还是思考问题，总是希望得到教师的肯定。作为教师首先要对学生积极参与的态度表示赞赏，然后对具体的任务要做具体的分析，做出科学、合理的评价。这样既保护了学生的学习热情，又能帮助他们提高思考分析与实践能力。合理的评价可以建立起学生对教师的信任感，同时也传递给学生一种信息——公正、公平的评价方法。评价的方式可以是多种的，可以采用学生自评或互评，再结合教师的点评，最后让学生通过自己的努力来确定正确答案。首先对学生的学习热情大加鼓励，然后对不同的任务分别给予分析与有选择性的建议，而避免具体教他们怎么做，教师用意见或建议的方式更便于发掘学生的潜力，这样学生总能保持着自信的学习态度。

三、倾听心声，教学相长

现代教学论指出：教学是教师的教与学生的学的统一，这种统一的实质就是师生之间的互动，即相互之间交流、沟通及共同发展。通常在上课结束时，我会抽出几分钟时间，让学生畅所欲言。学生可以谈自己对同学之间的作品的看法，可以讨论如何改进等具体想法。师生间交流对教学的想法，学生会觉得教师的备课中有自己的思路，带着"这是我的课"的想法，更积极地参与到课堂教学中来。还因为得到教师的尊重而增强自信心和对教师的亲近感。作为教师则从中得到了课堂的反馈信息，得以改进自己的教学方法。

（2019年3月20日）

《"任务驱动"教学模式在中职机械CAD课程中的应用研究与实践》教学反思

佛冈县职业技术学校　黄利华

随着教育体系不断完善，我国中职机械CAD教学有了较大进步，相应的课程教学设备逐渐齐全，较好保障了CAD课程的顺利进行。CAD教学具有较强的实践性，要求教师充分利用各种教学资源，加强实践训练，提高学生的动手能力，这样才能更好地提高学生的机械水平。但是在实际情况中，很多教师依旧没有转变以自身为教学主体的教学观念，不注重对学生的实际学习情况进行实时了解，致使CAD教学质量并不高。因此，教师需对"任务驱动"教学模式进行有效应用，促进学生自主学习，从而更好保障教学质量。

一、"任务驱动"教学模式在中职机械CAD课程中的应用分析

中职机械CAD课程具有较强的实践性，要求教师多设置合适的实践活动，提高学生的动手能力，促进学生的自主学习，这样才能提高学生的CAD水平。CAD教学是机械基础教学中的重要内容，对学生机械水平的提高有着关键作用，如果CAD教学质量不高，没有较好调动学生的学习积极性，将会导致学生在机械学习中遇到多种问题。虽然在教育事业的推动下，我国CAD教学模式发生了较大转变，但是受人为因素及外部客观因素的影响，依然存在较大问题，给学生的机械CAD学习带来不利。在实际教学中，很多教师依旧采用传统的教学模式进行教学，没有考虑到学生的实际学习需求，在这种情况下，一些教学内容难以符合社会实际环境，也不能让学生较好理解各知识重点，具有一定的落后性。很多情况下，教师在进行CAD教学时都只涉及一些常用的操作技巧和方法，忽视了对现代机械知识的引用，没有较好分析社会实际环境，致使学生所学到的知识大都比较陈旧，难以有效解决现代机械CAD中的相关问题。

很多教师在对CAD进行讲解时，往往只对相应的理论知识进行讲解，缺乏对实践操作活动的引入，导致学生不能较好地解决实际问题，难以发挥出CAD

知识的作用，最终给学生的CAD学习带来不利影响。机械CAD具有一定的复杂性和综合性，涉及许多操作方法和操作技巧，但是在实际情况中，很多教师依然没有较好转变传统思想观念，采用灌输式方法进行教学，偏重于理论知识的讲解，忽视了对学生探究能力的培养，致使学生没有较高的学习积极性，自主学习意识较差，难以较好融入机械CAD学习环境中。

"任务驱动"教学模式要求教师通过一些合理的教学任务提高学生的动手能力，激发学生的探究欲，能够自主学习相关知识，从而更好地提高学生的机械CAD水平。机械CAD课程实践性较强，而"任务驱动"教学模式则较好符合CAD课程的特性，能够有效激发学生的学习兴趣，促进学生深入学习相关机械CAD知识。因此，在中职机械CAD教学中应用"任务驱动"教学模式具有较好适应性。

二、"任务驱动"教学模式在中职机械CAD课程中的应用方法

1. 紧密联系社会实际

机械CAD课程与实际生活有着紧密联系，实践性较强，如果教师依旧采用传统方法进行教学，只依照教材内容进行讲解，不考虑学生的实际学习情况，将会对学生机械CAD的正常学习造成较大影响。因此，教师在机械CAD教学中对"任务驱动"教学模式进行应用时，须注重将课程内容与社会实际进行紧密联系。随着我国现代化机械技术不断进步，相应的机械CAD知识也逐渐完善，在这种情况下，教师在进行机械CAD教学时，必须对社会实际环境进行准确分析，将一些先进的CAD知识引入课程教学中，丰富教学内容，让相应的教学任务能够更好适应机械行业的发展形式，这样才能发挥出"任务驱动"教学模式的作用，提高学生的CAD水平。

2. 合理设计任务形式

在采用"任务驱动"教学模式进行中职机械CAD课程教学时，如果没有对相应的任务进行合理选择和设计，将很可能适得其反，导致学生在机械CAD学习中遇到较大困难。因此，教师必须注重对任务形式进行合理设计。由于课程时间一般较短，所以教师须尽可能让学生在短时间内通过相应任务提高自身的机械CAD水平，否则难以有效发挥出"任务驱动"教学模式的作用。在对任务样式进行设计时，教师须将教学内容进行精练，将知识重点有效综合进任务

中，并根据任务强度对知识结构进行调整，让学生有效理解相应的知识内容，能够自主探究机械CAD知识，这样才能更好地提高学生的机械CAD水平。

3. 增强任务设计层次

由于学生在接受能力及学习能力等方面都存在一定差异，所以教师在机械CAD教学中对"任务驱动"教学模式进行应用时，必须对学生实际情况进行合理分析，了解学生的学习兴趣以及文化水平，增强任务设计的层次性，这样才能更好地满足学生的学习需求。例如，教师在指导学生进行CAD绘图时，先布置一些相对简单的任务，之后再根据学生学习情况逐渐增加难度，加强对学生的指导，充分发挥出学生的自主能动性，调动学生的学习兴趣，及时帮助学生解决各种难题，从而更好地提高学生的机械CAD学习水平。

三、结束语

中职机械CAD教学涉及较多实践知识，要求教师提高学生的动手能力，让其能够自主学习、探究相关知识内容，充分激发学生的学习兴趣。但是在实际情况中，很多教师都偏重于理论知识的讲解，采取满堂灌形式进行教学，致使学生的CAD学习效果并不理想。因此，教师可以对"任务驱动"教学模式进行应用，通过相应的教学任务激发学生学习兴趣，提高学生的动手能力，让学生根据相应任务自主学习相应知识，从而更好地保障教学质量。

（2016年5月9日）

《触摸屏》教学反思

佛冈县职业技术学校 邓凤仪

　　《触摸屏》课题选自《典型机电设备安装与调试》，是机电类学生必修的一门专业技术教材。该课题包含的主要任务是触摸屏按钮和指示灯的制作，任务的确定是结合学生在学习PLC基本指令、步进指令，并能完成一定的实训项目基础上对PLC学习知识的延伸，对于学生的技能培养起到了关键作用。运用触摸屏的人机界面来控制设备运行，模拟企业生产线，内容新颖，简单易学，能吸引学生的注意力，提高学生的学习兴趣。通过教学，一是让学生掌握触摸屏控制PLC的方法及学会触摸屏翻页功能的制作，按钮、指示灯的设计；二是学生通过学习，能进行PLC的联机调试并能对触摸屏调试过程中的故障进行排除；三是通过小组合作培养学生的团队意识、自主学习能力及遵守规范、安全文明生产等职业素养。因此我通过"创设情境—确定任务—实施任务—成果展示、评价—拓展任务"五个环节来让学生层层递进地掌握《触摸屏》内容难点和重点，并在完成任务过程中体会团队合作的精神。

　　《触摸屏》的教学亮点充分利用了学生的好奇心和求知欲，通过小组合作学习形式发挥了学生的主动性和积极性，引导学生自主参与学习过程。在具体制作的过程中培养了学生的综合职业能力，如团队合作、口语表达、组织策划等。①采用"理实一体化"的教学模式，老师做中教，学生做中学，提高了学生的学习兴趣；②通过情境导入，"任务驱动"的教学方法，以及自动分拣实训设备，微课视频等教学手段来突破重点，化解难点；③分组合作学习，学生感觉有收获，自己的自主探究能力不断提高，以期达到职业教育与终身学习相对接的目标。

　　今后教学中还需注意以下几点问题：①提高信息化手段的融合度，如学情分析、任务讨论等哪些可以在课程平台上完成，哪些需在课堂中讨论；②如何控制各环节的实训时间，以保证教学进度；③评价能否更合理化、高效化。

（2019年4月3日）

《变频器的三段速控制》教学反思

连山壮族瑶族自治县职业技术学校　黄时玲

从教育部提出现代学徒制以来，各中职院校纷纷踏上了探索提升学生专业技能之路。作为地处偏远的少数民族山区职校的我们，虽然暂时还不具备实行现代学徒制的条件，但是，在"鼓励基层首创"的指导下，我们学校踏出了探索的步伐。作为专业课教师的我，紧跟学校步伐，进行专业课教学时尝试结合信息化手段、教学效果显著的教学法以提升学生的专业技能。其中，《变频器的三段速控制》的教学就是其中一个典型的尝试。这节课收到了理想的教学效果，既有值得肯定的亮点，也有需要提升的地方。

一、使用任务驱动式项目教学法，体现了"以学生为中心"的教学理念

设计本课时结合"学生对理论学习兴趣不高，学习积极性不高，觉得理论枯燥难学。喜欢直观地看与做，希望在实训中掌握知识，大部分学生动手实践积极性比较高"的学习特点，我将学生需要掌握的理论知识以任务的形式制作成任务书。任务设置时注重任务的科学性和可操作性。任务书既要包含小组合作完成的任务，也要有个人动手操作完成的任务。在培养学生合作素养的同时还要培养提高学生的专业技能。上课时以学生分组完成任务书的任务为主，老师则引导学生解决项目难点，在学生碰到疑难时适时给予帮助。真正使学生成为学习的主体，体现了"以学生为中心"的教学理念。

学生在精心设置的任务驱动下，经过自己的努力，或加上组员、同学的帮助，最终完成学习任务并体验到了成功的喜悦，使学生觉得：我不差，只要我努力了，我也可以成功。这将激发起学生的内在学习动力，由被动学习转变为主动学习，由老师的嘱咐"你要学"转变为学生的"我要学"，由等着老师灌输知识技能转变为学生自己动手学习掌握知识、提升技能。实现真正的"以学生为中心"。

二、使用小组教学法，培养学生的合作素养

实训时，我将学生分成2～3人一组。在项目准备阶段要求学习小组通过查找资料、分享、讨论等方式确定相关参数的设定值。在组员共同探讨确定参数设定值的过程中，全体组员充分发挥各自的聪明才智，为了一个共同的目标而群策群力，培养了学生的合作意识。

小组合作提高了学习效率。在共同讨论学习时，学习比较好的组员可以为其他组员提供迅速掌握知识的方法或经验，促使其他组员更快地找到解决问题的关键，避免了学生独自探索时，部分学生探索时间较长或碰到困难时容易半途而废的问题，提高了学习效率。

学习基础好、一般、差的组员搭配对学生的学习起促进作用。学习基础较好的学生觉得我的能力比其他组员强，我可以帮助其他组员。为了提高帮助其他组员的能力，他就必须学得更好。学习基础较差的学生则会觉得其他人都能学好，我也能学好，我也要学好，形成一种积极的心理暗示，提高了这部分学生的学习积极性。

三、使用学生师徒法，提升学生的专业技能

实训过程中我要求每个学生都要训练，在完成实训的前提下，鼓励完成得又好又快的学生担任小师傅，将自己掌握的知识技能及经验分享给学得慢的同学。学生小师傅在教的过程中，需要总结、提炼自己的学习经验，再用自己的语言描述出来，这一总结再描述的过程巩固了所学知识。原来有些地方还没理顺的知识在说的过程中得到了梳理，甚至原来有些地方不明白的知识点在说的过程中也顿悟了，这就使小师傅的学习经验得到了升华。在教的过程中，还可能碰到一些没碰到过的问题，在解决问题的过程中学习更多的专业知识。作为徒弟的学生在得到一对一的指导后经过自己的努力终于完成了学习任务，体验到了成功的喜悦，形成了积极的心理暗示，从而提高了学习积极性。同时，由于小师傅是自己的组员、自己的同学，大家处于平等的地位，关系比较亲密，心理距离比较近，徒弟对于这样的小师傅教的知识掌握得更好、更充分。

使用学生师徒法，还可以解决学生学习不同步的问题。学生的基础参差不齐，接受能力各异，有些学得快，有些学得慢，若统一安排学习进度，往往会

使部分学生对知识的学习不充分，甚至如水过鸭背，学过就忘。使用学生师徒法，允许部分学生先学会，再将自己的学习经验分享给其他学得慢的学生，解决了学习不同步的问题。学生徒弟还可以自己选择小师傅，选择一个思维方式跟自己接近的，讲解方式易于接受的小师傅，在轻松愉快的氛围中提升知识技能并可能成长为其他学生的小师傅。

使用学生师徒法，甚至还避免了老师忙不过来的尴尬。如果不把学生的积极能动性发挥出来，不充分发挥小师傅的作用，学生在实训过程中碰到问题都来问老师，老师就会忙不过来，既打击了部分由于等不到老师指导的学生的学习积极性，还会使学习效率低下。但加上小师傅的帮忙，很多问题都可以由小师傅解决，当碰到解决不了的问题时才问老师，这就很好地避免了所有问题都问老师，老师忙不过来的尴尬。

四、合理运用现代化信息技术手段，提高教学效率

利用信息化手段不受时间、空间的限制，还有直观、动态的优点。可以充分利用课前、课时、课后的时间为突破难点、提高教学效率提供帮助。在课前运用QQ、微信布置课前任务、发布微课使学生提前熟悉实训任务，引起学生对难点的思考。在课堂上边讲解边运用多媒体播放课件，克服了理论讲解枯燥乏味的问题。针对本课的难点提前制作好变频器接线微课，提前发布到班级QQ、微信群供学生观看，使学生熟悉接线步骤。学生还可以在实训过程中随时观看微课，帮助学生顺利完成难点的突破。还有，利用音乐相册展示实训剪影、在课后利用QQ、微信分享实训成果及心得等。这些手段的运用，极大地调动了学生的参与意识和学习热情，不但促进了生生交流、师生交流，还有效地突破了教学难点并提高了教学效率。

五、制作相册，提高积极性

在巡视学生实训过程时拍摄学生实训的照片，特别是学生专注地做实操及作为小师傅教徒弟的场景，制作成电子音乐相册并分享到QQ群或微信群，同时用电子白板播放学生实训的电子相册，使学生可以马上看到自己在实训时、教徒弟时的专注表现，增强学生的学习自豪感，进而提高学生参与实训的积极性。

六、收到了理想的教学效果

这节课经过精心设计、充分准备，收到了理想的教学效果。一是学生的参与性高，基本上每个学生都按要求完成了训练；二是大多数学生都能独立或在小师傅的帮助下实现变频器的三段速控制；三是从回收的任务书看，大多数学生都完成得很好。最终实现了本课的知识目标、能力目标和情感目标。

教学是一门不完美的艺术，这节课仍然有些需要提升和改善的地方。

（1）微课制作水平有待提高。本次课运用信息化技术手段制作了突破难点的微课，但是制作水平不高。有"缺乏标题，环节不完整""仅是知识内容的可视化，而没有实现思维的可视化"等问题。应多学习微课制作知识，提高微课制作水平，争取制作出优秀的微课为教学服务。

（2）学习过程中个别学生由于种种原因还不够积极主动，没有完成实训任务。对于这些学生，要了解学生没有完成实训任务的原因，多鼓励、多督促、多帮助。尽量使他们也能真正投入到实训中，力求使每个学生的专业技能都得到提升。

（2019年3月20日）

第四篇

用心研究，引领示范

4

《山区县中职数控专业教学改革行动研究》
市级课题研究实施方案

佛冈县职业技术学校　数控课题组

一、课题基本情况

1.课题名称

《山区县中职数控专业教学改革行动研究》。

2.课题研究类型

学科教学类。

3.课题研究者

课题组成员、数控专业教师。

4.课题研究时间

2015年1月—2017年6月。

5.课题研究对象

（1）具体研究对象：我校数控专业（或相近专业）的学生。

（2）普遍研究对象：我市山区县职校数控专业的学生，发达地区职校学生可作为访谈对象。

二、课题研究的背景

背景1: 佛冈县属粤北山区小县，职业教育源自20世纪80年代，受到资金投入较少和征地难等因素的影响，办学规模在我市同类职校中相对较小，在专业建设上我校虽付出了极大的努力，但一直未取得突破性的进展。近年来，在我省珠三角机械制造产业转移的催化下，我县审时度势，抓住机遇，牢牢把握工业的主导地位，促进工业园区化、企业规模化，鑫源恒业、国珠精密模具等12

家企业被认定为高新技术企业，促使我县的机械制造业取得了蓬勃发展，对数控类技能型人才的需求量也越来越大，职业教育的培养质量和规模与人才需求矛盾日益增大。然而，在中职生就业前景一片大好的形势下，从企业和毕业生反馈回来的就业信息中，有不少反映了专业课程教学与企业需求不太匹配的信息，在够用实用上没有找到平衡点。另外，受到整体教学质量的影响，数控专业学生的流失率偏高，就业稳定性偏低。因此，为了使我校的数控专业得到健康发展，适应新时期就业形势的需要，同时以点带面，带动其他专业的良性发展，对我校的数控专业进行教学改革已提出新时期的要求。

背景2：目前山区县职业学校的生存充满危机感和紧迫感，创建品牌专业是学校生存和发展的需要。近年来，学校领导一直以省重点职校的标准来规划，高度重视硬件的建设，每年都充实硬件建设，仅2012年数控车间就投入200多万元，使数控专业的硬件设施得到实质性的提升。然而，没有好的软件与硬件配套，硬件也不能发挥大效能。通过对周边兄弟学校（工贸职校、市职校、英德职校）的参观学习，让我们深深感受到在专业建设等方面存在较大的差距，如教学方法、师资水平、教师和学生竞赛水平、教研水平和就业稳定性等都存在较大的差距。如果我们再不向榜样学校学习，进行富有成效的教学改革，这个差距会进一步拉大，为了学校的可持续发展，进行教学改革、创建品牌专业已迫在眉睫。

背景3：目前我校的数控专业还是实行传统的"三段式"教学体系，即先学习公共基础理论课程、每个学期进行几周实习、顶岗实习前考一个中级操作技能证。陈旧落后的教学模式已严重影响数控专业的教学质量，制约专业的可持续发展。因此，进行课堂模式、课程内容和开发校本教材的教学改革已刻不容缓。

背景4：尽管我校身处教育强县，但在全市的职业技术学校中，专业课题研究方面相对落后。2013年6月市教育局对我校进行教学检查后，对我校明确提出了进行专业课题研究来提升教学质量的指导意见。因此，进行专业建设的课题研究，既是响应上级的指导，更是我校寻求专业建设突破口，提升发展竞争力的需要。

三、研究目标

（1）提升我校数控专业的教学质量和班级管理水平，使学生的综合素质得到实质性的提高，具体将通过班级的班容班貌、技能考证通过率、社会实践综合表现、竞赛成绩、就业情况等方面量化体现。

（2）为我校的专业教师提供了提升研究能力的平台，将有效提升我校专业课题的研究能力，提升专业教师的教育科研水平。

（3）促进我校教师教学观念和研究观念的转变，促成教研合一的良性发展。

（4）使我校数控专业的教学模式逐渐成形，同时提升我校数控专业的社会影响力，为学生的就业创造良好氛围。

（5）将我校数控专业创建成学校的品牌专业，并创造条件申报市级重点专业，解决一直困扰我校专业发展的瓶颈问题。

四、研究内容

（1）对山区县职校数控专业学生课堂现状和需求进行问卷调查，了解山区职校数控专业的教学现状，撰写调查报告。

（2）对数控加工企业进行数控技术发展现状和数控专业知识需求调查，了解数控技术的发展现状和对数控专业知识的需求情况，制订适应社会需求的实施性教学计划，实现真正意义的校企合一研究。

（3）根据学生问卷调查和企业调查进行研讨分析、归纳总结，论证进行数控专业教学改革的可行性实施方案。

（4）数控专业项目教学和一体化教学的研究与实践，促进教师的专业成长。

（5）根据数控专业教学改革可行性实施方案，以行动为导向，探讨并开展教学计划、课程设置、校本教材编写、教学方法、教学手段、优秀常态课堂评价体系等方面的教学改革，最终实现提升学生综合素质的研究目标。

五、研究条件

1. 背景条件

教学改革一直是我校强调的主题，2015年将进入我校的全面改革年，学校处于良好的改革氛围，本课题的研究得到学校领导的大力支持，课题组中有主管教学工作的校领导担任指导性工作，课题组的主要成员由李倩名师工作室7位成员组成，并得到工作室导师周长春名师的指导，将有效发挥工作室的示范、引领作用和团队精神，同时本课题的研究也将得到阳山职业技术学校、清远工贸职业技术学校、英德职业技术学校、国珠模具公司、华劲汽车零部件制造有限公司等兄弟学校和企业的鼎力支持。

2. 基础条件

（1）本课题负责人有较高的管理水平和较强的组织能力，身体健康，负责数控和模具专业教学计划的制订、科组教研、工作室核心成员等工作。由于本课题得到学校领导的大力支持，在工作时间和经费上将做合理安排，确保有足够的时间进行课题研究。

（2）本课题组成员结构合理，成员兼顾学校领导、中层干部、学科带头人、班主任和专业教师，专业知识结构兼顾机械、数控、电气专业的"双师型"教师。他们都较系统全面地掌握了数控专业教育的基本理论和专业技术，工作认真负责，教学科研能力较强，教育效果良好。他们屡获殊荣，李倩副校长获广东省职教学会首届职业院校教学名师、职业教育专业课高级教师、县十大师德标兵、县拔尖人才。绝大部分组员获县优秀教师，都是学校的专业骨干教师。同时，课题组成员专业功底扎实，治学态度严谨，业务能力较强，并且还在不断学习新的专业技术、接受新的教学理念和教学方法，具备参加本课题研究的能力，各成员都是自愿参加的，时间上会做合理安排，确保有足够的时间参与研究。

六、研究方法和研究措施

1. 研究方法

（1）文献研究法：通过研读专业建设的相关文献和兄弟学校成功的课题研究案例，从中汲取专业建设的理论和经验，再结合我校的专业建设实际和特点，形成和完善专业建设的理论体系。

（2）访谈调查法：实践是检验真理的唯一标准，通过深入企业一线调查，可以了解当前数控技术的最新发展动态、企业对学生的就业要求和毕业生的就业状况及需求，同时还可以请企业专家对我校的专业建设提出指导性意见和建议，为我们调整教学计划提供依据。

（3）经验总结法：对我校以往的专业建设进行总结和反思，对照专业建设标准进行查漏补缺，并按新的高度组织开展新的专业建设工作；对一体化教学和项目教学，我们更加要分析提炼以往的教学经验，在课题研究过程中不断进行总结和改进，以使新的教学方法落到实处，努力提升学生的21世纪技能。

（4）行动研究法：运用这一研究方法，主要是将经过文献分析与案例分析、反思所得到的研究结果，放到实践中进一步检验，用以指导教师的教学实践，再根据实践的反馈意见，进一步修正研究结果，以期不断完善研究结果。

（5）实验对照法：对制定的教学改革方案，通过试点班级实验，不断反思，不断改进，不断创新。

在具体研究过程中，主要运用上述方法，并遵循各种方法相互弥补、配合、验证的原则，保证研究的科学性和准确性。

2. 研究措施

（1）加强学习，不断提高课题组成员的综合素质。组织课题组成员学习专业建设和数控专业的相关理论和技术，努力提高课题组成员的团队意识、研究意识、研究能力和数控技术水平，以保证本课题研究的科学性、有效性和实用性。

（2）注重实践，积极践行实践检验真理的科学研究方法。在课题研究过程中，一定要结合我校实际，依靠企业实践进行专业建设的教学改革工作，每一个研究内容都要用实践来检验，要做到行之有效。

（3）做好过程性总结和反思。认真做好研究资料和研究成果的收集、整理和保存工作。在课题研究过程中，认真做好"过程"记录，积累研究材料，及时进行分析、总结和反思，形成有价值的电子文件或文字材料，撰写相关论文、实录和调查报告，并及时做好相关资料的整理和保存工作，为本课题的成果汇报做好充分准备。

七、研究步骤和预期成果

本课题研究时间从2015年1月到2017年6月，时间跨度比较长，拟分为四个研究阶段：

第一阶段：准备研究阶段（2015年1月至2015年6月）

主要研究工作：收集与课题相关的文件、数据和文献资料；课题的申报，课题的立项，开题报告会；对数控专业学生、教师和企业发放调查问卷，并到兄弟学校参观学习，撰写问卷和企业调查报告，为教学改革提供依据；对数控专业现状班（13秋数控班和14春数控班）的教学现状、就业情况和发展现状进行分析探究；撰写《数控专业教学改革可行性实施方案》，初步开展理实一体化课堂教学；开展实验班（15春数控班）的资料收集和整理工作。

第二阶段：开展试点研究阶段（2015年7月至2016年6月）

主要研究工作：围绕专业建设的目标，寻问题，找差距，全面开展教学改革工作：①结合我校实际开展数控专业教学计划的优化，重新制订数控专业实施性教学计划；②深入开展数控专业一体化教学和项目教学的实践与研究，做好过程性资料的收集和整理，撰写数控专业项目教学实践总结、相关教学论文；③开展数控专业配套校本教材的编写、审定和试用，包括《机械CAD》《数控车削编程》校本教材；④做好反映实验班教学质量的过程性资料（如班容班貌、技能考证通过率、社会实践综合表现、竞赛成绩、就业情况等）。

第三阶段：实践反馈、总结提高阶段（2016年7月至2016年12月）

主要研究工作：继续深化本课题的研究工作：①邀请专家开展专业建设指导和论证工作，做好专家讲座及现场指导记录，组织课题组成员出外取经学习，开展课题组成员的培训与学生反馈交流等活动；②开展以学生为主体的数控专业项目教学，做好项目教学实例记录材料（数控铣、电工电子）；③开展数控专业精品课堂的研究与实践，做好精品课堂实录材料（数控车一体化教学、PLC）；④校本教材的试用反馈、修正，印刷正式的校本教材。

第四阶段：总结成果阶段（2017年1月至2017年6月）

主要研究工作：①整理课题研究所有资料；②撰写教学论文；③组织开展课题研究讨论会和结题报告会，撰写讨论会反思记录和结题报告，重点是通过具体数据和课堂教学来反映教学改革前后学生（实验班与现状班）学习质量和就业的变化。

八、课题组人员分工

李倩副校长：对外联系，企业调查和参观学习；校本教材的编写指导和审定；一体化教学指导和制定改革方案；教学改革论文撰写。

黄坚强（课题负责人）：全面负责本课题研究的组织策划和实施工作，具体负责制订实施方案，指导其他成员开展理实一体化教学、项目教学和校本教材编写工作；参与企业调查和参观学习，研究成果资料收集和整理、论文撰写、立项及结题报告撰写等工作。

陈焕彩：研究活动组织；电工电子理实一体化教学课堂实践；论文撰写。

范桂立：资料收集分析；研究活动记录；数控车项目教学课堂实践；论文撰写；

黄泽棠：资料收集分析；研究活动记录；论文撰写；数控专业的课堂实践。

黄梅春：数控铣项目教学课堂实践；论文撰写；数控专业的课堂实践。

邓灿杨：资料收集分析；班级课堂管理；论文撰写；研究成果资料整理保存。

陆奕俊：课题数据资料分析，并为课题组资料查阅、计算机绘图、校本教材编写提供技术支持。

李旭欣、范文广：数控车理实一体化教学课堂实践，论文撰写。

招翠娇：协助负责人进行研究成果资料的收集和整理、电工电子项目教学课堂实践、论文撰写。

黄利华：数控铣项目教学课堂实践；试验班班级管理；论文撰写。

邓凤仪：PLC项目教学课堂实践；现状调查班班级管理；论文撰写。

范方初：现状调查（考证、实习）资料收集整理；PLC项目教学课堂实践；论文撰写。

校本教材编写小组：

《数控车削编程》编写小组成员：李倩、黄坚强、范桂立、黄泽棠、李旭欣、范文广。

《机械CAD》编写小组成员：黄坚强、黄利华、冯锋文。

九、申请经费资助的数额、开支项目

本课题经费估计需要申请经费：20000元。其中学校准备自筹：17000元，申请资助：3000元。

具体开支项目：

资料费、文献检索费：2000元；差旅费（学术交流）：7000元；设备费：

4000元；会议费：1000元；专家咨询费：3000元；人员费：3000元。

十、课题研究其他保障条件

1. 制度保障

学校领导大力支持，分管教学的领导要主抓，教务处负责督促实施。要以本次课题研究为载体，促进学校教学改革工作的顺利开展，推进学校内涵发展，提升学校综合实力。建立激励机制，对在本次课题研究中表现突出的教师给予表彰。

2. 经费保障

学校对本课题研究提供资金支持，为课题研究的开展搭建物质平台，提供必要的设施、设备、信息资料、实验研究对象，为教师顺利进行课题研究提供全方位的服务。

3. 专家引领

从职业教育领域或企业聘请专家，设立课题研究指导组，加强对课题研究过程的监测和指导，保证本课题研究的顺利开展。

参考文献

［1］广东省教育厅.广东省中等职业教育专业教学指导方案［M］.广州：广东高等教育出版社，2011.

［2］邓泽民，赵沛.职业教育教学设计［M］.北京：中国铁道出版社，2009.

［3］黄才华.职业教育教学改革与创新［M］.北京：电子工业出版社，2009.

［4］戴士弘.职业教育课程教学改革［M］.北京：清华大学出版社，2007.

（2015年3月10日）

📖 课题论文

数控出人才，改革是出路

佛冈县职业技术学校　李倩

我校数控专业自2004年开设以来，学校就在适应就业市场和培养学生可持续发展方面进行不断地研究、探索和调试，虽然取得了一些成绩，但面对就业市场对人才质量要求的不断提高，仍有待继续改进和提高。要想在数控专业培养出更多更好的人才，数控专业教学就要根据生源的变化、教学条件的改善、学生就业岗位的要求，不断调整教学模式和教学内容，不断地进行改革和创新，争取实现教学与就业的零距离，所以实现教学改革才是根本的出路。下面就我校数控专业的实际情况谈谈个人的浅见。

一、述说我校数控专业课程设置的现状

学校的数控专业是传统的"三段式"教学体系，即先学习公共基础课程、机加工基础课程、数控原理和编程、数控机床操作等课程，每个学期进行4周左右的实习，顶岗实习前考一个数控机床操作中级证等。在实际教学中，公共基础课程存在严重的学科本位体系，教学内容存在深而多，专业基础知识多而散，甚至是落后、过时，技能课程内容简单、枯燥，学生操作水平低。"教师教得辛苦，学生学得辛苦，就业干得辛苦"是数控专业目前的真实写照。

二、陈述我校数控专业课程教学的弊端

传统的"三段式"教学体系存在很多的弊端，具体形容是"三个相分离"。首先是公共基础课的教师只是按教材教课程，没有考虑学生的专业对本学科知识的需求，为授课而授课，公共基础课不能很好地为专业课服务，不能很好地提高学生的文化品位和内涵；其次是专业基础课的教师只是讲授专业理

论，没有考虑理论指导下的应用和实践，在教学中缺乏对学生动手能力的培养，不能很好地为体现本课程在整个学科体系的作用，以及在实际专业技能操作的地位和作用，不能很好地为学生的实习、实训打下坚实的基础，没有体现出"学中做、做中学"这种"做学合一"的人才培养模式；最后实训课教学疲于为学生补习技能操作必需的基本理论，常常不能完成预定的深层次的教学任务，教学内容过于单一，不能提高学生技能操作水平。

理论来源于实践，实践是需要理论进行指导的。数控教学更是如此，只有把理论和实践很好地结合起来才能够达到好的效果。在实训实践教学中，让学生可以接触生产式的技术培训，只有理论和实践的紧密结合，相互融合，学生在实训中对学习和掌握新的专业知识才充满了好奇和兴趣。所以，我们必须改变传统的教学模式，大胆创新：凡是学生不需要的，就是我们应该考虑放弃的，凡是学生感兴趣的、实用的，就是我们应该考虑要加强的。

职业教育的教学过程必须打破传统的以学科为中心的"三段式"教学体系，从职业能力分析入手，重视实际技能的培养，以能力为本的理念建立起以能力培养为中心的一体化教学模式，这才我们所需要的。

三、试说我校数控专业课程改革的原则

改革要有一定的原则，专业基础课突出教学内容的"应用性"，专业基础知识以"必需、够用"为原则；专业理论课的教学重点不是公式和概念的"为什么"和"怎么来"，而应当告诉学生"是什么"和"怎么用"；技能课程部分要突出"实用性""操作性"，展现中职学生操作能力强的优势。所以我们广泛地征求了企业、专业人士、学校骨干教师的意见，对数控专业的课程进行了优化，突出专业特色和实践能力培养，以此原则来指导我们数控专业教学的改革，引领我们在改革的路子上昂首阔步。

四、浅谈我校数控专业课程改革的路子

1. 实践课程模块化的改变

模块化是针对课程结构模块化设计而言的。例如，设置数控车模块、数控铣模块、数控加工中心模块、普通机加工模块、钳工模块。每个模块都项目化，都包含了数控专业机床、设备操作与维护、工量刃具的使用、相关图样识

读、加工工艺编制、材料特性检测、产品检测等项目，要彻底改变理论、实践教学分离的传统教学方法。

2. 教学时间安排的改变

以往是实践和理论绝对分开的，为"纯"实践和"纯"理论的教学模式，导致理论教学和实践教学脱节。教师讲授理论时，"纯理论课"缺乏操作，内容空洞，课堂变得枯燥无味，学生无心学习，无教学效果可言，教师也缺少了自身动手能力的培养。所以到了学生实习时必然会因为缺少有用的理论指导，动手能力就可想而知了。针对以上的状况教学改革必须要将相关内容的理论教学、实验和实训组合一体化，在进行理论教学的同时，边实验，边实习，边学边用，学了就用，用了再学。这样把理论知识及时应用在实践中，在实践中发现不足再学、再总结，才能体现职业教育的本色和特色——把理论与实践融合在一起，提高学生的动手操作能力。

例如，本学期数控教学时间的改变体现在具体安排中：第一、二学期，学生星期一到星期三在教室上公共基础课，星期四、五在车间或实训场（室）上理实一体化的课程；第三、四学期，学生星期一到星期三在车间或实训场（室）上理实一体化的课程，星期四、五在教室上公共基础课。这样就彻底地解决了理论和实操分离的问题。

3. 学生实习教师安排的改变

学生实习一般在一个时间段安排两个教师，教学中两个人要密切配合，共同做好每个批次的学生实习工作，切实提高教学质量。

学生实习教师的培养实行以"老"带"新"，一对一进行传帮带，"熟手"的教师要手把手、毫无保留地指导目前实践能力欠缺的教师；实践能力欠缺的教师要认真虚心学习实践操作，同时要"现学现卖"，认真指导学生实操，做到"亦徒亦师"，争取用一年的时间实现新实习指导教师能够独立带实训，要求实习指导新教师要虚心学习不怕吃苦，大胆实践，学有所成。成为"做人有底气，文化有底蕴，操作有硬功"的双师型教师。通过学生问卷调查、师徒互评、科组评议综合评价师徒结对的成效，奖励优秀，名额不限；同时对进步不明显的个人和小组进行谈话，予以指导，共同进步。

4. 教学内容安排的改变

学生实习时期每一个时段根据学生实习层次安排相应的实训内容：第一次

实习安排基础操作，第二次实习安排简单操作，第三次实习安排稍微复杂的操作，第四次实习安排考证练习操作。每个批次的实习都必须有明确的目标、项目，也就是说一个学期每个时段最多要准备四个层次的教学内容。教案可以按实训项目一周写一个教案，但要将操作步骤、教学过程、教学目标写得清晰明了，真正具有指导实训、可复制、可借鉴的价值。特别是教学反思，要大家认真对待，因为教学反思对教师的提高和以后的教学都具有很大的作用，一个深刻的反思就是一个很好的总结和提高，这是我们在教学内容安排上的改变。

5. 考核

每个批次的实习、训练都必须有明确的目标、项目，注重教学过程中的检测和测试，终结性考核方式主要是工件、线路图、项目、故障排查、检修，也可以允许一些必要的理论考核。

优化课程设置、改革教学模式是适应中等职业教育教学规律和特点，凸现"以就业为导向""以能力为本位"的职教办学理念，它不仅对数控专业技能型紧缺人才的培养，而且对整个职业教育的教学改革，都具有十分重要的指导意义。而数控专业是我校的重点建设专业，本着对学生负责的态度，数控专业要打出"品牌"，教学改革势在必行，只要教学改革找对了路子，就能看到成功的希望，就会有美好灿烂的明天。

（2016年12月25日）

试论职业教育企业型教师如何向教师专业化转型

佛冈县职业技术学校　黄坚强

近年来，我国职业教育迅速发展，其中师资建设方面的成就尤为突出，国家出台了一系列的强师策略和措施，强师工程正如火如荼地开展，为职业教育教师的专业成长营造了良好的氛围。由于历史、转型和职业技能需求等多种因素交织，使得职业院校的师资来源呈多样化，具有技能特长的企业技术人员成为职业教育教师也就呈必然趋势。而来自企业的教师（下称企业型教师）如何向教师专业化转型将是企业型教师面临的一个挑战，转型的成功与否将对自己的专业成长和教学质量起到关键的作用。教师专业化是指教师在整个职业生涯中，通过专门训练和终身学习，逐步习得教育专业的知识与技能并在教育专业实践中不断提高自身的从教素质，从而成为教育工作者的专业成长过程。教师专业化发展的内涵应包括专业知识、专业能力、专业道德、专业精神、专业权威性等方面的发展。笔者认为，企业型教师的专业化转型是从经验化到专业化的发展过程。笔者作为来自企业的职业教育一线教师，经过多年的努力，实现了企业型教师向教师专业化的成功转型，成为学校的数模学科带头人，2017年被评为县"最美教师"。下面，笔者以自己的专业化成长经历谈谈自己的做法和观点。

一、认清优势和劣势，正确定位自己

由企业进入到学校，在一个全新的工作环境，首先要正确认识自己，认清自己的优势，明确劣势，把自己定位好。企业型教师在企业时的主要工作任务是生产实践，共事的是成年人，而在学校的工作性质已发生变化，面对的主要任务是教学，管理的是接受教育的学生。既然任务和对象都发生了变化，那工作方式也要随之改变。企业型教师在企业时练就了过硬的实际操作能力，养成了务实的工作作风和严谨的职业操守，这是培养技能型人才的职业学校最需要的技能，这也是企业型教师相比师范类职业教师的一大优势。师范类职业教师往往是理论知识水平强于实践能力，甚至有个别的师范类教师变成了"纯理论型"教师，这是师范类教师的短板，而企业型教师恰好能弥补理论型教师的这种不足。同时，企业型教师也要明确自己的不足，就是理论知识的系统性和规范性。从这个角度看，企业型教师和师范类教师将形成教师专业化成长的相互补充体，两种类型的教师应形成互助互补的专业化成长氛围，共同提高各自的教育教学水平，相得益彰，对职业教育的学生来说是十分有益的。

二、转变观念，强化学习意识，提升职业素养

企业型教师转入学校教学是一次全新变革，要变革，首先要转变观念。在企业通常专注于生产任务，且学习意识淡薄，理论学习相对较少，学历提升等方面也会滞后，但转入学校后，学习意识就需要强化了。因为在企业学会的技术和掌握的技能，自己做和教学生都没太大问题，但现代职业教育推行的是"理实一体化"教学模式，即需要能讲会做的"双师型"教师，单方面的做是不能满足现代职业教育需求的。有些企业型教师只重视实践教学，一听到要写要说就直摇头，呈现出强烈的抵触情绪，这是不可取的。因此，作为实践能力强于理论能力的企业型教师，必须下苦功弥补理论知识，用心钻研教材，加强专业理论培训，提升研究能力，促进理论知识的系统化和规范化，可通过编写校本教材、编写教学设计等方式来提升理论水平。为了适应当前中职学生综合素质严重下滑的趋势，加强心理学和教育学的学习更是刻不容缓。否则，只做会传授技能的教师是难以适应当前职业教育发展形势的，离教师专业化也会渐行渐远。

三、学会走近学生，融入校园氛围

从企业转入学校从教，面对的是学生，对象性质发生质的变化，再也不能只用企业的"制度管人"那一套了，而要学会制度、技巧和情感等多管齐下的管理方式。因为我们面对的是基础知识差、学习积极性不高，且性格特异的职教生群。如果硬生生地采用管理企业工人的那一套，硬碰硬的进行管理，显然是行不通的。企业型教师要虚心向同行、专家、名师学习管理技巧，学会尊重学生，学会鼓励学生，学会利用自己的技能特长来引领征服学生。只要学生发自内心地佩服你，管理就能寻找到突破口，这一技巧对付"顽固生"非常有

效。在实习过程中，要充分展示自己的技能特长，让学生在耳濡目染中见证你的真本领，让学生从心底里佩服你，成为学生的学习榜样；在上课中，要多插入自己在企业实践过的技术知识和安全知识，让学生多接触企业的真实案例，尽快与就业岗位接轨；在班主任管理过程中，要学会跟学生做朋友，点滴中都要体现出尊重和爱护学生的言行。例如，在转化后进生时，要学会用欣赏的目光，对他们的点滴进步给予及时的肯定和热情的鼓励，并用自己的模范行为来端正他们的人生观、价值观。面对"顽固生"，要践行滴水穿石的精神，即使面对学生的顶撞，也要学会忍耐，理性应对，坚信只要自己赋予足够的耐心和时间，总会有一天能把学生转化好。老师与学生的感情就是在这点点滴滴中形成的，与学生有了感情，班级管理的很多难题就能迎刃而解了。

四、弘扬工匠精神，在技能竞赛中发挥自己的闪光点

企业型教师通常在企业的严格要求甚至苛刻条件下磨砺出了精益求精、注重细节、严谨专注、精致专一的工匠精神，积累了丰富的实践经验。2016年3月5日，"工匠精神"首次出现在我国政府工作报告中，让人耳目一新，足以证明"工匠精神"在国民经济中的重要性。对于职业教育，中国职业技术教育学会副会长李小鲁更是有"工匠精神应该成为学校职业教育的灵魂，成为每一个接受职业教育的学生所努力向往的一种境界。"的论述，可见具有工匠精神的企业型教师，已经拥有天然的技能优势。关键是如何发挥自己的技能优势，把企业技术转化为教学技术，把自己的经验搬到讲台上，把自己的工匠精神融入实训教学中，这是要下苦功的。企业型教师可以在实训（实验）教学中把自己严谨专注、精益求精的工作风格展现给学生，让学生在耳濡目染、潜移默化中受到正面的熏陶教育。例如，在钳工实训教学中就是培养学生工匠精神和艰苦奋斗作风的好机会。还可把自己在企业时取得的技术成果整理成教学资源库，待教到相关的科目时，就充分引用，教学资源库的真实性能充分调动学生的积极性，因为真实的东西具有天然的磁性，况且企业是学生未来的就业场所，会让他们充满期待，从而更加专注地听课，如在讲授《工程力学》的圆轴扭转强度应用时，在化工行业的发酵罐搅拌轴改造中用空心管代替实心轴的实例就很有教学意义。在讲授《机械基础》的螺纹知识时用取出器（左旋螺纹）取出螺孔中的断螺钉（右旋螺纹），让学生充分理解左旋螺纹的原理和应用。在讲授

《金属材料》的热处理时插入利用汽车废防震钢板制作錾子的实验，让学生充分体验利用余热进行热处理的原理。这些实例都是我们企业型教师在企业时积累的实践案例，是一笔宝贵的教学财富，要在教学中充分利用。

在企业，安全永远排在第一，学校的实习安全同样重要。企业型教师要不断地把在企业时形成的安全意识移植到学校的安全教育中，在平时的教学中不断融入安全教学实例或通过硬件改造来提高安全系数。笔者在《车工实习》教学中就大胆进行了车床安全控制系统的改造，用卡盘扳手来控制车床的运转，有效控制了车床加工过程中出现的卡盘扳手飞出伤人的危险现象，对学校的实习安全管理起到一定的促进作用。对学校的实习设备进行技改技革是企业型教师得天独厚的优势，要充分发挥，凸显优势。

"普通教育有高考，职业教育有大赛"是对当前我国教育的形象写照。如今职业教育的技能竞赛环境的确为企业型教师提供了展示能力的平台，企业型教师应该把握机会，发挥自己的工匠精神和技能特长，积极参加或指导学生参加各级技能竞赛，在技能竞赛中继续提升自己的技能水平，为自己的专业化成长锦上添花。

五、创新思维，践行先进教学方法，提升教科研水平

很多企业型教师只满足于实践教学，认为掌握一技之长满足实习教学即可，不求改进和创新，教学改革意识淡薄，缺乏危机感。面对职业教育迅猛发展的今天，不求自身发展显然是不能适应现代职业教育需求的。企业型教师应该有针对性地弥补自己的不足，通过向先进楷模学习来编织自己的职教梦，2016年全国最美中职教师禹诚就是我们企业型教师的学习楷模。通过参加各类信息化设计和说课大赛来培养创新思维、提升创新水平；通过参加各类强师工程培训学习和"三名"工作室，在名师的引领示范下学习先进的教学方法、教学手段和教学理念，如分层教学法、基于项目教学的小组合作学习法、微视频、微课制作等，全面提升自己的教学教研水平。这些教学法对于企业型教师有着天然优势，特别是项目教学法就是一种让学生过渡到企业岗位的教学法，企业型教师应充分发挥自己的企业资源优势，积极践行先进教学法，激活自己的闪光点。

企业型教师只有不断更新观念，紧跟职业教育发展形势，锐意改革创新，

不断培养创新思维，发扬空杯精神和稻穗精神，才能向教师专业化转型目标越来越近。

参考文献

［1］郑秀英.职业教育教师专业化问题研究［D］.天津：天津大学，2010.

［2］周旭.企业技术人员到职业院校任教的优势［J］.科教创新，2013（10）.

［3］谢兵.从企业技术人才到骨干教师的成功转型者［J］.江苏教育，2009（3）.

（2017年3月20日）

小组合作学习在中职计算机教学的应用

佛冈县职业技术学校　陆奕俊

目前，计算机已经普及各个领域，不但成为社会上各行业工作的基础设施，计算机技术在各行业得到了有效的应用，还成为很多学校的重要课程，尤其是中职学校。受到新课改及教育制度改革的影响，计算机教学方法得到了完善创新，小组合作学习就是这一时期较为常见和重要的教学方法，通过小组合作学习，很多学生的交流能力、学习能力、协作能力及综合能力都得到了有效培养和提高。小组合作学习不但适应了教育改革的要求，实现了学生的教学主体地位，还满足了社会对合作型、交流型、应用型和综合型人才培养的需求，从长远来看促进了我国社会经济的发展。

一、小组合作学习的几点重要作用

1. 有利于学生学习成绩的提高

在计算机教学过程中进行小组合作学习，可以在第一时间与学生建立良好的师生关系，并促进学生与学生之间的交流，进而培养学生的交流能力。当遇到学习重难点时，学生可以通过小组讨论分析解决重难点知识内容的方法，并通过大家的学习思维将重难点知识归纳成大家易接受的形式，从而提高重难点知识的记忆，最终实现学生学习成绩的提高。

2. 有利于学生学习态度的改善

小组合作学习以前的学习过程都是学生一个人进行学习，对于自主学习能力强的学生来说，学习新知识的难度不大，并且对于重难点知识也能够积极地找出解决办法，但对于自主学习能力不强的学生来说，遇到新知识时如果不能很快理解，则会打击学生的学习积极性，从而改变学生的学习态度，由刚开始的积极态度转变成消极态度，不但影响学生学习成绩的提高，还影响学生以后的发展，而小组合作学习恰好能够激发学生学习兴趣，提高学生的学习积极性，进而转变学生的学习态度。

3. 有利于学生合作意识的培养

计算机教学中应用小组合作学习，不但能够促进学生学习成绩及学习积极性的提高，还能够有效培养学生的合作意识。因为在小组合作学习中，学生之间的成绩是相互影响和相互制约的，即一个学生的成绩影响整个小组团队的成绩，反过来整体的成绩也影响个体学生的成绩，所以小组合作学习中学生都会尽量发挥自己的作用，并配合整个小组完成学习任务，进而提高了他们的合作意识。

二、计算机教学中小组合作学习的应用

1. 合作学习前的引导

第一，老师要在计算机合作学习前对学生进行引导，因为长期以来学生都受到传统"灌输式"教育的影响，对于新的教学方法还不太了解和适应，极有可能导致学生在学习过程中手足无措，影响计算机教学质量及学习效果，所以老师要在课前引导学生掌握小组合作学习的要领及相关注意事项；第二，老师要转变传统教学中老师主体地位的观念，将课堂教学中的大部分主权交给学生，让学生充分发挥自己的教学主体地位，积极参与到小组合作学习中，以提高他们的合作意识。

2. 合理分配学习小组

分配学习小组时，要根据班级人数确定小组分配数量，如45人的班级可分为15组，3人一组，以便于下一步的小组人员分配；要根据班级学生计算机学习水平，确定计算机学习内容，然后基于学习总目标，将学习的内容分成若干部分，如针对15组学生的内容就分成15部分，以便于小组间不同学习能力学生的学习；要根据每个学生的计算机水平、学习能力、操作能力和计算机偏好，选出能力较强的学生担任组长，如15组选出15人，并给他们讲述小组合作学习中应注意的事项。

3. 明确分配小组学习任务

当学习小组得到合理分配后，老师要根据自己已经划分好的教学内容及教学目标，将不同的学习任务分配给不同小组的学生。具体分配如下：第一，小组合作学习之前，老师要检查已经分好的小组是否存在缺人、多人和能力悬殊等问题，如果有要及时调整，以保证小组合作学习的公平性，进而提高学生合

作学习的积极性；第二，将小组发言权交给小组组长，然后由组长安排小组成员角色，以保证所有小组成员都能够参与到小组合作学习中，小组角色使用的是轮流制，即小组角色定期进行转变，通过不同角色的扮演来提高学生合作意识，进而培养学生合作能力及综合能力。

4. 及时对小组学习效果进行评价

学生进行小组合作学习时，老师要积极参与学生的小组讨论中，以便于及时对学生遇到的难题给予正确指导；老师要在小组学习讨论过程中仔细观察每个学生的表现，以综合判断出每个学生的学习能力、综合能力、操作能力，进而给予学生客观公正的评价；要对表现好的学生给予奖励，对表现不佳的学生给予鼓励，以激发学生参与小组合作学习的积极性与热情。

三、结语

综上所述，随着科学技术的发展与进步，计算机技术、信息技术及网络技术已经在我们生活各领域得到了应用，其中计算机已经普及到各个领域，推动各行业的发展，中职学校作为计算机人才的重要培养基地，理应提高对计算机教学质量及效率的重视度与关注度。小组合作学习作为提高计算机教学质量的重要方法，被应用于计算机教学是必然的，不但能够提高计算机老师的教学质量及效率，还能够培养和提高学生的计算机操作能力、应用能力及协作能力，是培养社会综合性型人才及应用型人才的重要方法。

📖 参考文献

［1］孙弢.小组合作学习在计算机教学中的应用分析［J］.无线互联科技，2014（11）：217.

［2］范银平.小组合作学习在计算机教学中的应用探讨［J］.统计与管理，2015（9）：92.

［3］王瑞霞.小组合作学习在计算机教学中的应用［J］.赤峰学院学报（自然科学版），2016（14）：255-256.

（2017年3月25日）

浅谈中职电子技术课程教学改革

佛冈县职业技术学校　陈焕彩

教学改革在中职学校中已成为重点，培养专业性人才是国家和社会所必需的。目前电子技术已成为一门具有很强的时代性、先进性和应用型的学科，而电子技术基础又是掌握电子技术必不可少的知识。它是一门理论性和实践性都很强的课程，理论深、容量大，学生学习却很时间紧张，同时，由于中职学生的整体素质在不断地下降：基础知识差、学习态度不端正、学习缺乏主动性、自觉性，由于教材内容、教学方法、考核办法等未根据学生的实际情况及时调整和修改，致使教与学严重脱节，教学效果可想而知。如果不改变这种现状，提高教学质量就会成为一句空话。因此，为了让学生在以后的电子技术专业学习中打下良好基础，《电子技术基础》的教学必须进行改革。

一、剖析传统教学策略

在中职教学中，教师很急切地将电子技术基础知识传递给学生，电子技术基础的专业课老师在教学中投入很大精力，可是往往产生的效果不太理想。那么要使学生取得良好的成绩就要改变这种局面，就要熟知存在的弊端，作为中职教师对此进行了分析：首先，很多学生基础知识差，造成他们学习难度大，易产生厌学情绪。加上教学内容没有做好基础课程与后续专业课程的衔接，所以使学习产生了相反的效果。其次，在教学方法上传统的教学理念就是教师在前面讲，学生在下面记笔记，教师基本上是照着教材来进行单一的讲授，没有任何的教学道具，很多教师在讲课中基本上是采用了灌输式教学，单一的讲解、单一的考试。这样很死板的教学方法，很少有学生对此产生兴趣。导致学生在考试前死记硬背、做考前冲刺，久而久之这样的习惯已经养成，考试后就什么也不记得。

二、有效的教学策略

1. 理论教学坚持以实践为主

电子技术理论性强，不少教师感觉难以进行启发式教学，在中职教学中，教师一定要改变以前的教学模式，适当调整教学内容。在教学方面，坚持实践教学为主旨，力求培养学生的主体意识，建立以学生活动为主的课堂教学。我将直观教学法引入课堂中。例如，在学习一些新的电子元器件时，可多带一些不同外形、不同型号的器件，或直接带一些电路板，让学生在电路板上去寻找元件，去辨别，从辨别实物中调动学生的兴趣；教师还可以运用演示法、比赛或者小组活动的方式让学生们去掌握必备的理论知识，然后充分地运用到实践中，在实践中掌握电子技术的基础知识。兴趣是最好的老师，我们一定要从电子技术入门教学时就紧紧做好培养兴趣这一点，那么以后就事半功倍了！

2. 实验教学的改变

目前，很多学生认为我到职校读书是去学操作能力的、不需要学理论知识，不理解实践是建立在理论知识上、拥有更多的理论知识才会对实践水平有更高的提升。实验教学是对学生理论知识的一个验证，在实验教学中，教学以学生为主体、教师为主导的教学新模式。在这一方面教师首先就要培养学生学习的兴趣，对各种教学方法进行艺术的再创造，重视关键能力的训练和知识向行动的转化，在教学过程中我会积极地开展一些实验课程，将一些小实物（如台灯、门铃、OTL功放机）的组装穿插到课堂中，让学生们在实验课上验证更多的理论知识，从中去理解。同时在教学实验中教师可以将信息技术引入实验室，推动教学手段现代化，丰富教学内容，提高教学质量和效果，让学生在校期间接受较为完整的理论知识与操作技能的训练。有了实验的基础和了解就会使学生们在以后的工作中对技术应用发挥得淋漓尽致。实验教学是培养学生实践意识，启迪学生创新思维，提高学生工程素质的重要环节，让学生学习的知识得到进一步的应用。

3. 顺应时代，引进多媒体

在中职教学中，以往的教学方法已经不能满足于学生的需要，在教学中引入电教手段、采用多媒体组合使电子技术教学更具现代化。在课堂上，多媒体教学开辟了趣味教学的新天地，有了它的参与会使课堂生动活泼，更具形象化，为教师讲解和学生学习增添了很多时间，也可以将教学中所涉及的难以实现或表达的事情、现象、过程再现于课堂教学中，电子技术的很多基础知识抽象性很强，教师一味地运用语言讲解是很难使学生了解的，运用多媒体就事半功倍。在多媒体的指引下，教师可以和学生一起学习，形成共同学习的状态，这样学生不但对这门课程感兴趣而且也会对学习产生一定的促进作用。在学习中不断地拓宽知识面，达到了预期的教学效果。

4.更新考核办法

传统的教学评价体系注重学生对理论知识的掌握，往往采用期末考试方式，这种观点狭隘的考试只是考查学生死记硬背课堂笔记和书本内容，这样的考试结果只是造就了一批高分低能者。一个好的教学评价体系应当鼓励学生去钻研课程的重点，真正掌握知识和技能；应当重视对日常学习的评定，其目的在于改进学习。而并不十分重视期中考试或期末考试。应该承认，教学质量是教出来的，学出来的，而不是考出来的。我对学生的考核方式是平时成绩40%、实操成绩30%、期末成绩30%，经过证明，运用这样的考核方法不但能使学生对自己学习的知识进行考核也能检查专业课的运用情况。这是教师真正地了解学生理论与实践的直接办法，这样的考核方式可谓是一举两得。

5.打造高素质师资队伍

实施素质教育，提高教学质量，保证人才培养规格，关键在于教师。名师出高徒，此话古有之。但从目前各地职业学校的专业教师来看，虽然也手捧各级各类的技能证书，但有含金量的不多，根本的原因就是他们一般都没有企业背景，到学校任教后又缺乏事业成长的条件和空间。因此，为了打造高素质师资队伍，我校在每个学期对教师进行技能考核鉴定，从而鞭策专业教师尽快提高技能水平；同时采取请进来、送出去的"短、平、快"培训方法进行培训，让教师去企业学习、实践，建立校企合作的长效机制，使教师能以更好的教学态度、教学方法，更前沿的知识、理念和更合理、系统的知识结构进行教学，让我们的教学使学生更感兴趣、更切合企业的需要，让我们的学生更受企业的欢迎。

综合来讲，通过教学改革，学生学习兴趣得到了提高，实践能力得到了充分的锻炼和提升，使我们的学生更受企业的青睐。作为一名中职学校的电子专业的教师，我会加强自己对教学方法和模式的创新，同时我也会根据目前学生对电子专业的学习状况进行有效的分析，续续不断研究、不断探讨，创新出更多的教学模式使教学效果取得最佳！

参考文献

［1］赵月霞.关于中职《电子技术基础》教学方法的探讨［J］.中国科教创新导刊，2011（19）：178.

［2］王玉军.谈电子技术基础课的教学方法［J］.辽宁教育行政学院学报，2006（6）：111-112.

［3］杨丽丽.浅谈《电子技术基础》教学中的演示实验［J］.中国现代教育装备，2008（6）：108-109.

（2016年12月25日）

第 五 篇

用心示范，筑梦前行

5

李倩工作室建设

工作室介绍

"清远市李倩机械教师工作室"由佛冈县职业技术学校校长郑华中直接领导，邀请佛冈县教研室副主任张振山担任顾问，同时，为了进一步提高教研的质量和层次特别聘请了广东省特级教师、省名教师周长春老师作为导师。

工作室成员由黄坚强、黄泽棠、邓灿杨、范桂立、陈焕彩、陆奕俊、黄梅春七名骨干教师组成。工作室以服务全县机械专业教育教学改革为先导，发挥名优教师的示范、指导和辐射作用。改变教师教学方式，促进教师专业化成长，使机械教师工作室真正成为机械教师专业发展的平台，促进我县机械教师队伍建设。

工作室的目标定位是：用校本教材、教育教学论文、示范研讨课、课题研究等形式体现工作室研究的价值；用青年教师成长的实绩体现工作室培养的力度；用真实有效的教学指导体现工作室辐射的功能，努力使工作室成为"研究的平台""成长的阶梯""辐射的中心"。

工作室成员的基本追求是：通过不懈的努力，不断提高教学水平；工作室成员的核心价值是：经过团结和协作，学习和总结，形成各自的教学风格；工作室成员的培养目标是：通过学习和研究，为实现"让骨干教师成名，名教师更有名"。通过一系列专题研究，为进一步改进我县机械专业的教学方法、提升教学质量做出应有贡献。

清远市李倩机械教师工作室

2014年1月15日

工作室成果介绍

清远市李倩机械教师工作室（以下简称李倩工作室）是清远市首批职教类教师工作室。自2014年1月成立以来，工作室制定了切实可行的工作室规划和奋斗目标，努力开展工作室各项软、硬件建设工作。在上级教育部门和学校的大力支持下，工作室成员团结一心，砥砺前行，结合自身实际，积极开展创新教学模式、教学方法等一系列教学改革、教育科研活动。时光荏苒，弹指一挥间，工作室已经历三年的磨砺，从一个懵懂的小孩逐渐成长为一个茁壮成长的少年，取得了可喜的成果，成为清远市山区县职教类工作室的一颗璀璨明星，在学校以至全市充分发挥了工作室的示范引领作用。

一、主持人和成员简介

佛冈县职业技术学校"清远市李倩机械教师工作室"是清远市第一批中小学（职教类）教师工作室。由佛冈县职业技术学校校长郑华中直接领导，佛冈县教育局教研室副主任张振山担任顾问，聘请佛冈中学周长春名师和佛冈宇通机械厂的林合党技师为导师。

工作室团队有主持人李倩，核心成员黄坚强，成员陆奕俊、范桂立、陈焕彩、黄泽棠、邓灿杨、黄梅春组成。

1. 主持人简介

李倩，女，昆明理工大学机械本科毕业，工学学士学位，职业教育专业课高级教师，现任佛冈县职业技术学校副校长。

在教学中，紧紧围绕学生的心理特点、年龄特点、素质教育、职业技能、岗位需要等方面精选教材内容、筛选教法、注重实操，着力提高学生动手能力，凸显职业教育的特色。她的课堂生动精彩，深受学生喜爱，被称为"心灵与机械的童话"。

在教学研究中，针对学校的教育教学现状，聚焦课堂，不断探索，大胆改革。组织开展市级课题研究，开创了学校进行市级课题研究的先例！组织并参与省级课题研究，推动学校教育教学改革和发展。主编了学校第一本校本教材

《机械制图》，并作为副主编参编了国家规划教材，同时在国家级、省级核心期刊上发表了10多篇专业教学论文。

多年来，多次被评为佛冈县优秀教师、优秀班主任；清远市技能竞赛优秀指导教师、先进个人；2010年被评为佛冈县"十大师德标兵"；2012年被评为"首届广东省职业院校教学名师"；2014年被评为佛冈县"第四批拔尖人才"；2015年被评为"南粤优秀教师"，成为佛冈职校乃至佛冈职业教育的一张新名片。

2. 工作室成员简介

（1）黄坚强，工作室核心成员，男，机械本科学历，机械讲师，现任学校政教处副主任、机电部部长。参加工作室以来，完成普通高等教育"十二五"规划教材《机械制图》、校本教材《机械制图》《AutoCAD机械应用》的编写；近三年发表论文3篇，获奖4篇；2016年至2017年共讲1次市中职教学检查公开课，2次中职市级公开课；2016年被评为县优秀教师；2017年被授予县"最美教师"称号；2017年获"创新杯"信息化教学说课大赛省一等奖、国赛一等奖；2015年至2017年主持完成一个省级子课题和一个市级课题，两个课题均已结题，子课题获省教育学会研究成果一等奖，市级课题教学改革成果获清远市教育教学成果二等奖。

（2）陆奕俊，男，计算机本科学历，中学一级教师，现任教务处副主任。参加工作室以来，荣获佛冈县优秀教师，指导学生参加市技能竞赛获优秀指导教师，2016年年度考核优秀，同年获评广东开放大学系统先进教育工作者；近三年撰写的论文有2篇获奖，其中1篇在2015年广东省教育技术中心论文评比获三等奖，1篇在广东省职业与成人教育学会评比获二等奖。

（3）范桂立，男，机械讲师，本科学历，数控车床工操作技师、考评员和焊工考评员。近年来曾获县优秀班主任、县优秀教师，完成校本教材《焊工与热处理》和《机械制图》的编写；2014年10月上《平焊》教学示范课；近三年有1篇专业论文获县优秀论文二等奖，1篇专业论文获市职业教育优秀论文三等奖，2015年论文《机械专业基础课程课件的设计》获市级三等奖；优秀教学设计2篇；年度考核优秀；2016年12月上《弹簧热处理》教学示范课。

（4）陈焕彩，女，电子技术应用及自动化全日制大专毕业，数学本科学历，中学一级教师，清远市职业技术教育学会理事。现任总务处副主任、多年来担任机电专业的专业教学、参与两个市级课题的研究。在校期间，曾多次荣获县优秀教师、县教育系统优秀共产党员、年度考核被评为优秀等次；是佛冈县首届"三名工程"培训对象；2015—2017年担任《电工基础》校本教材的主编工作；近三年有2篇专业论文获市优秀论文三等奖，其中1篇于科教新报《教育研究》杂志发表，2016年论文《电阻教学之我思》被评为省优秀论文三等奖。

（5）黄泽棠，男，本科学历，机械制造与控制助理讲师，毕业于广东技术师范学院机械设计制造及其自动化专业，现任机电专业部副部长。2005年参加工作至今在佛冈职校担任机械制造类专业课教师，具有计算机辅助设计绘图员高级工、数控铣床操作高级工、数控车床操作技师、数控考评员等职业资格证书。主要业绩有：2015年被评为学校优秀教师，2017年被评为学校优秀教师；2015年获市教师技能竞赛数控综合加工团体三等奖，2016年获市数控综合加工技术项目比赛三等奖；2014年在省级刊物上发表论文1篇；2015—2017年期间参编校本教材《数控车削编程与实训》一本，主编教学设计《3D打印技术》一本。

（6）邓灿杨，男，本科学历，毕业于广东海洋大学，机械设计制造及自动化专业，机械工程专业讲师，具有普通车工、数控车工高级工职业资格。近三年来，撰写的多篇论文获得县、市和国家级优秀论文奖，其中的3篇论文公开发表。主要业绩有：2014年，获市级奖论文1篇，获国家级奖论文1篇，获国家级奖课件1个，被评为"学校优秀班主任"。2015年获市级和国家级奖论文各1篇，获国家级奖课件1个，获佛冈职校主题班会课说课比赛三等奖，获广东省中等职业学校"创新杯"说课大赛三等奖，被评为"佛冈县优秀教师"。2016年荣获市中职教师技能竞赛车加工技术项目比赛三等奖；多次荣获校级主题班会一、二等奖；获市级奖论文1篇，主编校本教材《车工项目实训》；2016年6月，参与完成省级小课题1个。

（7）黄梅春，女，毕业于广东技术师范学院模具专业，模具技师、加工中心高级工，模具设计讲师。参加工作室以来，取得了长足的进步，主要业绩有：2014年获广东省数控铣加工技术项目比赛三等奖；2014年获清远市数控铣项目指导教师二等奖；2004年被县评为年度考核优秀；2016年获清远市数控综合加工技术项目比赛三等奖；2016年7月论文《冲裁模固定式废料切刀的缺陷控制》在《装备制造技术》上发表。

二、工作室主要工作介绍

1. 团队建设

李倩工作室团队由主持人李倩，核心成员黄坚强，成员陆奕俊、范桂立、陈焕彩、黄泽棠、邓灿杨、黄梅春组成，工作室团队以机械专业为主体（6人），计算机、电子专业为辅（各1人），团队专业结构合理。

为了提升工作室的团队协作能力和创造力，工作室有针对性地开展了一系列具有职教特色的专题讲座。三年多来，工作室先后组织开展了10多个专题讲座，如"团队建设"专题讲座、"师德师风建设"专题讲座、"课题研究"专题讲座、"小组合作学习"研讨会、"工匠精神"专题讲座等。每次讲座都有明确的目标、实施方案、过程记录、总结和反思，收到良好的培训效果。

俗话说："他山之石，可以攻玉。"三年多来，工作室充分发挥空杯精神和稻穗精神，树立终身学习理念，积极开展对外交流学习活动，切实践行"走出去，请进来"的工作方式，在先进同行中汲取营养，积累能量，让自己快速成长。三年多来，建立了与先进工作室交流的常态机制，多次与连山邓德坚物理名师工作室、佛冈周长春物理名师工作室、深圳宝安卓良福名师工作室等先进同行进行经验和学术交流；为了提升工作室团队的创造力和战斗力，三年多来多次组团进行针对性培训学习，如到广州市增城职校参加课题研究成果展示会，到广东技术师范学院参加微课制作培训等。

2. 学术引领辐射

（1）创建工作室辐射桥梁。为了切实发挥工作室的辐射功能，工作室创建了具有职教特色的"李倩工作室"博客和QQ群。工作室博客和QQ群成为工作室的主要辐射平台，在博客上与工作室同行建立友情链接，相互交流学习，携手同行。工作室成员在博客上积极发表教育教学文章，三年来工作室成员在博客上发表原创博文80多篇，博文保持高度的原创性；每次工作室活动的教案、课件、评课稿、反思、总结等上传QQ群，实现资源共享和网络在线学习，最大限度地发挥工作室的辐射功能。

除了网络辐射平台，工作室定期编辑工作室简报和论文集，制作宣传栏，向同行和学员辐射工作经验和研究成果，效果良好。

（2）聚焦课堂，积极开展课题研究课。工作室根据教学改革的需要，积极开展市级课题《山区县中职数控专业教学改革行动研究》和省级小课题《项目教学在数控专业线切割实训中的应用》的研究。三年来共开展了20多节课题研究课。每次公开课都由工作室组织进行集体备课，对公开课的选题、课堂组织、课堂评价、教学设计等进行集思广益，公开课以理实一体化为主要教学模式，以项目教学法和小组合作学习法为实践目标，融入微课、思维导图、UMU互动平台等现代信息技术元素，积极进行听课、评课和磨课活动，让研究课真正发挥抛砖引玉的作用。

（3）积极参与市"教师工作室资源库"建设。我工作室十分重视资源库建设，如创建了一个资料库，专人收集整理工作室成员、学员的精品教案、典型课例、教学设计等，以备清远市"教师工作室资源库"建设用。

3. 课题研究工作

课题研究是工作室的核心工作，也是衡量工作室工作成效的主要标准。工作室高度重视课题研究工作，结合学校的教学改革需要，积极申报市级课题和省级小课题。三年多来，在工作室的引领下，完成了两个课题的研究工作，其中省级小课题《项目教学在数控专业线切割实训中的应用》于2016年6月结题并获得省级小课题成果奖一等奖；市级课题《山区县中职数控专业教学改革行动研究》于2017年6月顺利结题并积极申报省教育教学成果奖。

4. 工作室特色打造

（1）以数控专业为教学改革试点，改变落后的传统教学模式，是李倩工作室的创室根本目标和使命。三年多来，工作室初心不改，通过课题的引领一直致力于学校的教学改革，成功由传统的三段式教学模式转型为适应现代职业教育要求的理实一体化教学模式。

（2）进行具有职教特色专业课题研究，增强教师教研意识，引领教师成功走上研究型道路，促进全校形成良好的教育科研氛围。

（3）举行具有职教特色的专题讲座，竭力提升教师职业素养和工匠精神。

三、主要业绩和成果

三年多来，在工作室成员的共同协作和努力下，工作室取得了可喜的成绩，其中完成了两个课题的研究工作，并在课题的引领下改变了学校的教学面貌和教学模式。

（一）完成的课题（见表1、表2）

表1 完成的课题

序号	课题名称	级别	结题情况	获奖情况
1	项目教学在数控专业线切割实训中的应用	省级小课题	2016年6月结题	省级小课题成果一等奖
2	山区县中职数控专业教学改革行动研究	市级课题	2017年6月结题	清远市教育教学成果二等奖

表2 课题研究主要成果表

阶段性成果			
成果名称	成果形式	研究阶段（起止时间）	承担人
山区县中职数控专业现状分析与改革对策的调查报告	调查报告	2015.1—2015.6	黄坚强
数控专业教学改革实施方案	论文	2015.7—2015.12	黄坚强
数控技术应用专业人才培养方案	培养方案	2015.7—2015.12	黄坚强
《山区县中职数控专业教学改革行动研究》中期研究报告	报告	2016.8	黄坚强
基于项目教学的小组合作学习总结和反思	总结	2016.3—2016.6	黄坚强
《山区县中职数控专业教学改革行动研究》课题研究大事记	成果集	2015.1—2017.5	黄坚强 招翠娇
最终研究成果			
成果名称	成果形式	完成时间	承担人
山区县职校特色的理实一体化教学应用模式	教学模式	2016.12	全体成员
数控专业理实一体化配套校本教材（7本）	校本教材	2015.7—2016.6	各编写小组
基于项目教学的小组合作学习法	教学法展示课	2016.12	小课题组
项目教学配套课程教学设计（5本）	教学设计	2017.3	各编写小组
《山区县中职数控专业教学改革行动研究》成果汇编（包括获奖证书、论文集、优秀教学设计等）	论文集	2017.5	全体成员
《山区县中职数控专业教学改革行动研究》课题研究结题报告	报告、论文	2017.4	黄坚强

（二）撰写的课题论文

在省市两个课题的引导下，课题组成员积极撰写论文，至2017年6月共撰写课题论文（课件）30多篇，发表7篇，获奖15篇，并把论文装订成册，编成论文集。

（三）完成数控专业校本教材的编写

全部课题组成员和部分专业教师参与编写校本教材，并取得阶段性成果，至2016年12月止，已完成7本教材。详见表3。

表3　教材编写信息

序号	名称	主编	备注
1	《AutoCAD机械应用》	黄坚强	校本教材
2	《加工中心实训指导书》	黄梅春	校本教材
3	《车工项目实训》	邓灿杨	校本教材
4	《焊工及热处理》	范桂立	校本教材
5	《PLC编程及应用》	范方初	校本教材
6	《数控车床加工工艺与编程》	范文广	校本教材
7	《电工基础》	陈焕彩	校本教材

（四）完成五个课程的教学设计集

在省级小课题的研究中，为了更好地对研究成果进行推广，使研究成果能够得以延续，课题组制定了项目教学新课型的教学设计模板，新课型要求融入微课、思维导图、导学案等新元素，并完成了部分科目教学设计的编写工作（见表4），力求使项目教学规范化，实效化。

表4　部分科目教学设计的编写工作

序号	名称	主编	备注
1	《机械加工检测技术》课程教学设计	黄坚强	教学设计
2	《三菱FX系列PLC编程及应用》课程教学设计	招翠娇	教学设计
3	《电火花线切割实训》课程教学设计	黄利华	教学设计
4	《加工中心实训》课程教学设计	黄梅春	教学设计
5	《3D打印技术》课程教学设计	黄泽棠	教学设计

（五）课题对学校教学的影响

1. 形成具有山区县职校特色的理实一体化教学应用模式

课题组以数控专业为改革的试点专业，对该专业进行了优化课程设置、创新课程安排、开发理实一体化教材和教学设计、按理实一体化教学要求完善硬件设施、改革评价方式、实践先进教学法、创新师资培养模式等改革，形成了一套相对固定的理实一体化教学应用模式。具体改革如下：

（1）优化数控专业课程设置。通过对实际的企业产品图纸和岗位技术需求进行分析，探究成为合格的一线工人应具备的知识，本着"有用，实用"为原则，对数控技术应用专业有关课程理论知识通过探究式研讨、建构符合中职数控专业培养一线合格工人的课程体系。

具体做法是首先把部分课程作合理整合，考虑到识图和技术检测连贯的需要，将《极限配合与技术测量》与《机械加工检测技术》整合，加强教学的同步性，着力培养学生的识图和检测能力；结合《焊工工艺实训》对金属材料特性了解的需要，把《金属材料与热处理》和《焊工工艺实训》整合；为了夯实学生的检测技术基本功，同时迎合企业的强烈要求，增加《零件测量技术实训》《电火花线切割实训》课程；把《钳工实训》《车工实训》《数控车工实训》《加工中心实训》《电力拖动实训》《PLC》等专业课程都按理实一体化实训课程来编排；根据中职学生的特点和学生的强烈愿望，增加公共艺术课、社团活动来调剂学生的学习压力，提高学习效率。针对上述情况制订新的数控专业教学计划和人才培养方案。

（2）课程安排的创新式改革。在课程安排的考虑上，我们积极向先进示范学校请教，先后到清远工贸职校、清远市职校、清新区职校、英德职校等名校调查研究，调查结果是大部分兄弟学校都是采用整周实习的安排。结合我校实际情况，经充分论证后，决定实践半周实训半周理论教学的创新课程安排模式，具体安排是一年级周一至周三上理论（实验）课，周四至周五实训；二年级是周一至周三实训，周四至周五上理论（实验）课。这样安排的理由是有效解决整周实习带给实习教师和学生的疲劳感，保证教师在一周内有充分的备课时间，学生也能在理论和实习间交替学习，让理论和实践有机结合。

（3）积极开展课题研究课，为教学改革投石问路。课题研究课以理实一体化为主要教学模式，以"基于项目教学的小组合作学习课堂模式"为实践目标，融入了微课、思维导图、UMU互动平台等现代信息技术元素，注重专业思想培养，课后积极进行评课、磨课活动，撰写教学反思，让研究课起到实质性的投石问路作用。

（4）开发理实一体化校本教材和课程教学设计。根据山区县中职学校的生源基础状况和教学设备情况，结合地方特色和够用实用的原则，开发难度适宜、适合"理实一体化"教学模式要求的校本教材和课程教学设计，将成为推进山区县中职学校教学改革的核心环节，同时通过编写校本教材和课程教学设计来促进专业教师的专业成长，切实提升理实一体化课堂质量，共完成7本数控专业理实一体化配套校本教材和5本数控专业理实一体化配套课程教学设计。

（5）按理实一体化教学模式完善硬件设施。在学校的重视和支持下，从2015年起，在学校教务处和课题组的努力下，我校数控专业的主要实训场地——机加工实训车间的实训条件得到有效改善，对设备进行了合理化的补充，提高了实训设备的先进性，新添置了5台广州产普通车床、2台电火花线切割机床和1台磨床、3D打印系统，每台机床都配置了工作柜，为理实一体化实训配套多媒体仿真教室。在非常有限的条件下，车间的一体化教室已得到合理规划，对每个实训项目都配套了一体化理论教室，理实一体化教学条件日臻完善。

（6）实践先进教学法催化教学改革，提升教学质量和就业质量。好的教学法是提升教学质量的催化剂。在改革过程中，我们深深地意识到这一点，并付诸行动，不断尝试新的教学法。其中项目教学法和小组合作学习法是我们改革中重点尝试的教学法，而如何把这两种教学法有机结合更是我们研究的重点。为了让项目教学法得到深入的研究和应用，在研究大课题的基础上，申报了省级小课题《项目教学在数控专业线切割实训中的应用》（课题编号GDSXKT20150012），把先进教学法的应用升级为重点研究内容。至2016年3月，项目教学在线切割实训的试点应用已取得一定的成效，由学生为主体完成的"法拉利汽车标志"和"加工标准齿轮"两个项目学习，是学生自行组织制定行动计划、实施、举行成果展示会，教师只作为一个导航者的角色出现。经过项目学习的学生的独立分析解决问题能力和就业能力都得到明显的提升，受到就业单位（如广东松峰机械有限公司）的充分肯定，并为学生提供了良好的成长环境。

（7）评价方式的转变。自2015年起，我校数控专业彻底摒弃传统的应试考核制度，采用具有职教特色的多元评价模式。课程考核主要分为过程性考核和终结性考核。过程性考核方法主要采用个人自评、小组评和教师评三种方式，综合评定学生的过程学习情况。终结性考核坚持理论考核为辅、技能考核为重的评价标准，形式可以多样化，可以是笔试、现场问答，也可以是技能操作等。

（8）师资培养模式的创新改革。从2015年起，我校以数控专业和汽修专业为师资培养的突破口，创新地把"师徒制"师资培养模式改为"互补式"师资培养模式。"互补式"师资培养模式的目标是实现理论教师与实习教师的知识互补，从而把双方都"补"上双师型教师的轨道，以满足理实一体化教学的师资需求。具体做法是，首先把原来侧重于理论教学的教师和教学经验尚浅的教师列为一类，把实操经验丰富的实践型教师列为另一类，两类教师以知识互补为原则进行组合。在组合时要注意细节，即在充分了解每位教师的专业特点、基本功和个性的基础上，并通过调查了解每位教师的意向后，再进行组合，尽最大限度满足教师的组合愿望，为形成和谐团结的组合氛围奠定基础。

通过实践"互补式"师资培养模式，有效地解决了传统的"师徒制"培养模式存在的"师"和"徒"地位不平等的矛盾关系，让他们在平等的环境下形成平等互助、互相尊重、责任有主次的和谐合作氛围。避免产生互相推诿或依赖的不良现象。经过两年多的师资培养，教师的专业成长取得较大的突破，数控专业10多名教师由"理论型"向"双师型"教师成功转型，基本上胜任理实一体化教学。

2. 项目教学模式逐步成型，推动我校小课题研究热潮

课题组通过在线切割实训中进行了项目教学的试点教学和其他科目《PLC编程》《机械加工检测技术》《Auto CAD机械应用》的推广教学，逐步摸索和总结出一套行之有效的项目教学模式，并在全校进行示范推广，目前我校项目教学氛围浓郁，达到本课题预期的研究目标。

课题组开展的项目教学分为两大类，一类是大项目教学（时间一般为2到3周，适宜课余时间来完成），另一类是小项目教学（时间一般为1到2周，适宜在常规教学中完成），不管那种项目教学，其环节和本质要求是一样的。项目教学要求充分体现"学生为主体，教师为主导"的本质要求，在项目实施过程中要求模拟企业角色，重视过程性评价和成果展示，竭力提升学生独立分析和解决问题的综合职业能力。

3. 教师的专业成长取得较大突破

（1）在课题研究的引领下，近三年来数控专业10多名专业教师由"理论型"向"双师型"教师成功转型，基本上胜任理实一体化教学。教师的信息技术应用能力得到明显提升，如微课制作技术、UMU互动教学平台的应用等。专业教师市技能竞赛成绩近三年来获奖数量和等级均取得进步。见表5。

表5　教师竞赛获奖统计表

年份（届）	一等奖	二等奖	三等奖	优秀奖	小计
2014（第8届）		1	5		6
2015（第9届）		3	8	1	12
2016（第10届）		4	7	2	13

（2）教师教研能力取得长足的进步。课题组成员大部分是工科老师，但大家不畏艰难，坚定信心寻求突破，围绕课题研究内容积极开展专业论文的撰写和校本教材、课程教学设计的开发。两年多来，课题组共撰写课题相关论文共25篇，发表7篇，获奖7篇，形成了《课题论文集》；共编写了7本理实一体化配套教材，编写了5本基于项目教学的小组合作学习法配套成果推广的课程教学设计；课题组还编印了配套理实一体化教学的实验报告册、技能考证复习资料等资料，为提高理实一体化课堂教学质量奠定了基础。

经过几年的磨砺，在课题组的引领下，我校专业教师的写作能力和编写能力都取得较大的进步，有一部分教师已逐渐转型为具有研究能力的"双师型"教师。例如，从怕写论文到喜欢写，再到不断提升论文质量，撰写的论文数量和质量以及写作氛围都达到空前的良好状态；编写教材也从不敢想到攻坚克难，最后也编写出了多本校本教材，初步积累了宝贵的编写教材经验，为后续提升教材的编写质量打下了基础。

4. 数控专业教学质量明显提升

数控专业学生的学风、纪律、礼仪、学习成绩等均取得明显的进步。

（1）市技能竞赛成绩近三年来获奖数量和等级均取得不断进步。

2014年仅荣获6个三等奖，到2016年荣获4个二等奖，5个三等奖，2个优秀奖，获奖的学生是逐年增多。详见表6。

表6　数控专业学生技能竞赛获奖统计表

年份（届）	一等奖	二等奖	三等奖	优秀奖	小计	递增 （同2014年比）
2014（第8届）			6		6	
2015（第9届）	1	5	1		7	17%
2016（第10届）	4	5	2		11	83%

（2）近三年，学生就业对口率逐年上升（见表7）。

表7　学生就业对口率统计表

班级	毕业时间	总人数	就业对口人数	就业对口率	对口递增 （同2015年比）
13秋数控班	2015年	29	7	24%	—
14春数控班	2016年	23	15	65%	41%
15春数控班	2017年	30	24	80%	56%

（3）学生对教学改革的满意度高（见表8）。

表8　学生对教学改革的满意率调查统计表

序号	调查对象	调查内容	满意率（%）
1		实行理实一体化教学模式改革	91.1
2	在校学生	实行半周实训半周理论的课堂模式	87.6
3		认为改革后技能水平相比以前有较大提高	58.4
4		课程中融入艺术课和社团活动	66.2

（4）数控专业学生的流失创历年新低（见表9）。

表9　2016—2017学年度学生流失率统计表

班级	2016年9月入学人数	现人数	流失人数	流失率（%）
15春数控	34	30	3	12%
15秋数控	25	21	4	16%

续 表

班级	2016年9月入学人数	现人数	流失人数	流失率（%）
16春数模	44	37	7	16%
17春数模	32	31	1	3%
平均流失率				12%

清远市李倩机械教师工作室

2017年12月10日

📖 黄坚强工作室建设

工作室介绍

　　"清远市黄坚强机电名教师工作室"在2018年9月成立，是我校"清远市李倩机械教师工作室"的传承和发展，本着实现"让骨干教师成名，名教师更有名"的目标继续前行。

一、我们的团队

　　清远市黄坚强机电名教师工作室由南粤优秀教师，清远市名教师，县教育系统"最美教师"黄坚强老师主持，学校郑华中校长，李倩副校长直接领导。聘请县教研室郑巧文主任和张振山副主任担任顾问，广东技术师范学院信息学院的周元春副教授担任导师，清远凯德精密制造公司董智友厂长担任技术顾问。工作室成员由5名本校骨干教师和2名外校一线老师共7人组成，分别是招翠娇、范桂立、黄利华、范方初、邓凤仪、黄时玲（连山职校）和邓导平（英德职校）。

二、我们的目标

　　工作室的目标是着力开展教育教学改革的实践活动，研讨并解决学科教学中的实际问题，充分发挥工作室的示范、引领、辐射和带动作用，为每个成员的互助合作、交流展示、发展进步创设平台，促进教师的专业化发展，让中青年教师成为当地机械学科有影响力的骨干教师、学科带头人和省市名教师的后备梯队。

三、我们的理念

指导思想：不忘初心，砥砺前行，树文化自信。
工作导向：锐意进取，勇于创新。

工作目标：引领示范，促教师群体成长，促学校健康发展。

工作要求：挤时间，肯付出，争效率，保原创。

学习要求：勤学习，勤交流，勤思考，勤总结，善反思。

工作态度：谦虚主动，勤劳慎独，有奉献精神，有教育情怀。

工作作风：未雨绸缪，扎实肯干，有团队精神，今日事今日毕。

四、我们的平台

建立微信群、QQ群、公众号、微博等交流平台，及时发布工作室工作动态，传递工作室成员之间学习成果，交流工作室研究成果，共享教育教学资源。

扫扫下面二维码，关注我们！

清远市黄坚强机电名教师工作室

2018年9月5日

工作室四年发展规划（2018—2021年）

为落实《清远市中小学（名）教师工作室建设方案》的相关要求，充分发挥名师的示范、引领和辐射作用，加快市县机电学科教学教研人才的专业成长，促进高素质骨干教师队伍的建设，发挥名师工作室的应有作用。特制订本工作室周期发展规划。

一、指导思想

以党的十九大精神和科学发展观为指导，不忘初心，砥砺前行，树文化自信。以提高骨干教师培训质量和效益为核心，以教育教学实践为主渠道，遵循名师成长的规律，本着"名师工作室要成为研究的平台、成长的阶梯、引领辐射的中心、师生的益友"的宗旨，突出针对性、实效性、实践性和先进性，按照理论与实践相结合、自主与交流相结合、学习与应用相结合、反思与提升相结合的原则，培养一批具有良好师德修养、先进教育理念、厚实职业素养、扎实教研能力的教师队伍，使工作室成为优秀教师的发源地、集聚地和未来名师的孵化地。为推动我县乃至全市山区县职教事业的发展做出应有的贡献。

二、工作目标

1. 工作室总目标

工作室将以信息化技术提升为研究主线，以开展"优课解码"活动为特色建设，从"团队建设""培育名师""发挥功能"三个方面进行内涵建设。通过三年的努力，工作室全体成员专业综合素质得到全面提高，教学风格凸显清晰，实现师德修养出样板，课堂教学出质量，技能比赛出成绩，课题研究出成果。培养成员或学员成为本县以至清远市有影响力的机电学科的骨干教师、学科带头人和省市名教师的后备梯队，并能从事"研究型"教育教学工作，形成名优群体效应，力争使工作室成为清远地区具有一定影响力的优秀工作室。

2. 阶段性目标

第一阶段：用心研修，茁壮成长（2018年9月—2019年8月）

工作室成员根据自身基础和发展潜力，制订个人三年发展规划，明确自身追求目标，并进行合理分解；工作室以公开教学、现场指导、专题研讨、技能比赛等形式广泛开展活动，营造成员间相互学习、交流、研究、合作的良好环境和团队精神，促使成员自身专业能力，特别是信息技术应用能力有明显提高。

第二阶段：用心研究，自我超越（2019年9月—2020年8月）

积极开展以教师信息技术应用能力提升为研究主线的课题研究，促进工作室成员向研究型教师发展，各成员围绕高效的机电学科教学开展研究实践活动，并以论文、专题讲座、网络直播教学、解课等形式示范推广经验，展示教学成果。鼓励各成员参加高层次学科竞赛和教学展示，实现自我超越。

第三阶段：用心总结，提炼硕果（2020年9月—2021年8月）

不同基础的成员，实现不同跨度的发展，努力培养出市级教坛新秀或学科带头人，同时，全面总结和整理工作室的研究成果和经验，力争出版工作室教学研究成果专著。

第四阶段：用心思考，与时俱进（2021年9月—2021年12月）

推广辐射工作室研究成果；以如何提升教师信息技术应用能力、培养学生创新核心素养为目标开展进一步的思考和研究。

三、工作手段和方式

1. 工作手段

采用"导师跟踪制""课堂交流制""课题引领制""成果辐射制""资源共享制"等手段开展工作。

2. 工作方式

采用"定期例会""专题研讨""课堂观摩""档案管理""考核评价"等方式开展常规工作。

四、工作原则

（1）坚持注重学术引领，重视理论与实践相结合，加强资源整合，加强培训的针对性和实效性，加强过程性管理为原则。

（2）坚持以教师专业发展为本。始终把培养和引领教师的专业发展作为工作的出发点和落脚点，提升工作室成员的专业素养，充分尊重工作室成员的个性和特长，实现成员间的差异化发展，实现教研成果与全市教师共享，促进教师的全面发展。

（3）坚持考核评估。完善工作室日常活动的制度建设，加强工作室日常活动的管理，增强工作室工作的服务意识，建立健全充满活力、富有效率、更加开放的工作室工作机制，使工作室的活动规范化、制度化、科学化。

四、工作室机构保障

工作室成立结构合理、具有凝聚力和执行力的团队，分工明确合理。

1. 工作室领导机构

工作室领导：郑华中

工作室主管领导：李倩

工作室顾问：郑巧文、张振山

2. 工作室团队

工作室导师：周元春，广东技术师范学院信息学院

工作室技术顾问：董智友，清远凯德精密制造公司

工作室主持人：黄坚强

工作室核心成员：招翠娇

工作室成员：范桂立、黄利华、范方初、邓凤仪、黄时玲（连山职校）、邓导平（英德职校）

3. 工作室成员分工

黄坚强：负责工作室建设的全面工作，工作室的整体策划和组织指导工作；课题研究、特色建设的组织实施。

招翠娇：协作主持人做好工作室的全面工作。

招翠娇、范桂立：负责工作室研讨活动、专题讲座等大型专题活动的策划和实施；工作室博客建设，撰写活动报道。

招翠娇、范桂立、邓凤仪（档案组）：负责工作室的工作计划、总结、课题研究和相关档案资料的收集整理工作。

范方初、黄利华（技术组）：负责工作室各项活动摄像、相片整理、现场

调控、宣传策划。

范方初、黄时玲、邓导平：教学研讨活动的主持、展示、评课、解课等组织工作，收集整理相关过程性资料上交工作室。

五、具体措施

工作室围绕上述工作目标，制定如下的具体措施。

1. 制定切实可行的工作室管理细则

略。

2. 引领成员加强学习，提高综合业务素质

一个团队能否发展壮大，工作室能否高效地开展工作，取决于其成员的基本素质，因此如何进一步提高工作室成员的专业素质是工作室开展工作的出发点和落脚点。

（1）加强学习，提高理论素养。先进的理论是教学和科研的先导；没有先进的理论指导，一切教学和科研都将失去方向。阅读和学习是提高自身的需要，也是自我进修的有效途径。要想提高自身的理论功底、更新教学观念、更新知识，唯有不断学习。因此，要加强学习，不断提高自身的理论修养，始终占领理论"制高点"。

工作室将作合理安排，采取"走出去、请进来"的方式，聆听专家、导师的授课和讲座，为工作室成员的成长打下坚实的理论基础。

（2）狠抓教学基本功，努力形成风格。"教育理论修养"和"教育实践积累"是一个优秀教师必须具备的两个条件。工作室要求所有成员做到既有理论修养，又有丰富的实践积累。工作室将通过听课、评课、撰写教学反思等途径，为教育教学研究取得第一手资料。通过成员自身开课、开设专题发言等形式和活动，相互学习，提高教学水平。帮助工作室成员在教学风格和特色上下功夫，让每位成员逐渐形成有品位的教育教学艺术，能够按照中职学生的心理特点，灵活地、技巧地驾驭课堂教学，进而形成自己的教学风格和教学思想。

3. 制订行之有效的工作室规划、工作计划和成员个人成长规划、计划

有规划才有目标，有目标才有动力，有计划才能做到有条不紊。周期初工作室将制订好工作室的周期发展规划和各年度工作计划，每位成员将根据工作室的规划和计划制订好个人的三年周期发展规划，在每学期初制订好年度工作计划，定期参照个人发展目标和计划，督促自我发展，期末必须写一份教育或教学方面的总结。工作室定期举行工作室成员例会，检查工作进度。

4. 加强团队建设，迸发团队能量

通过开展团队建设、学术研讨工作坊等专题活动，增强工作室团队凝聚力，形成勤学习、勤交流、团结互助的学术共同体。

5. 加强常规活动，夯实工作室基础

工作室将坚持每月一次的业务学习的例会制度，研究工作和学习，交流经验和体会，从而实现共同发展。每次的例会上都将分别有一个中心话题，并轮流由某个成员主持、主讲，工作室其他成员参与讨论，互相启发，各抒己见，并在适当时机对来自工作室以外的学员教师开放，使工作室真正成为教师研究教学、切磋教艺的成长发展的"学堂"。

6. 积极引领机械教学教研活动，增进辐射功能

开展丰富多样、有实用意义的教学交流活动，进一步加大对周边地区兄弟学校的辐射功能，进一步体现出名教师工作室在教育教学、教学研究方面的指导价值。

工作室要以高度的主人翁精神、高度负责的工作态度全力做好青年教师的"传帮带"，按计划组织开展活动。指导青年教师在本校和外校上公开课、研究课、示范课，做专题报告或学术讲座等，促进青年教师的专业成长，为学校培养专业接班人。

7. 积极开展教研科研，提高自身品位

"教而不研则浅，研而不教则空"，研究是工作室的本质要求。工作室主持人在自身积极开展教育教学研究的同时，要继续带动工作室成员自觉进行研究，要在已有成绩的基础上，继续"压担子"，争取"全面开花"，使整个工作室始终洋溢着一种研究的学术氛围，力争每位成员都能"研究出成效"。工作室将以信息技术应用能力的提升为研究主线，全体成员要积极主动地投入到课题研究中，围绕课题每个成员每年至少上一节精品课，写一篇教学论文，在县级以上教研会议上交流，或获县以上奖励，或在县级以上刊物公开发表。

工作室教育教学、教科研、管理等成果以精品课堂教学实录、个案集（含教学设计、课件、教学评析）、论文、专题讲座、课题报告、专著等形式向外输出。切实做好成果的推广工作，发挥成果的社会效益。

8. 建好交流平台，扩大影响和辐射

建好工作室博客和微信公众号，是工作室的一个重点工作。我们目标在于及时迅速地更新信息，将工作室的发展动态和研究成果通过网络进行传播，通过一定的反馈信息，收集与传递数据，各取所需，共同发展。同时也能使工作室突破时空界限，延伸教研教学空间，拓展思维方法，适应信息时代教育发展的要求，实现优质教学资源共享。

根据清远市（名）教师工作室的考核要求，合理安排博客栏目，大量充实资料，要求成员每月至少撰写一篇博文（包括教学论文、教学随笔、教学设计、教学反思、听课随想、读书笔记等），使博客内容丰富多彩，更新频率快，吸引力强。每位成员每月要上工作室博客点击浏览每位成员博客一次，并为其中至少五位写评论。工作室成员群策群力，努力将博客打造成机械品牌和工作室名片，使博客真正成为教师和学生的良师益友。

9. 建立规范的工作室档案和成员档案，刻录名优群体

切实做好工作室过程性资料的收集整理，指导成员建立个人档案，为今后反思自己的成长历程，也为工作室的后续发展提供必要的资源。个人档案包括纸质的和电子档案，记录每个成员的成长足迹。档案包括开展示范课、观摩课、专题讲座、指导培养青年教师等具体情况，个人发表教研论文、优秀教学设计、学习笔记、教学反思、获奖证书等资料。

清远市黄坚强机电名教师工作室

2018年9月20日

工作室成员工作方向

思考如何做一名优秀的工作室主持人

佛冈县职业技术学校　黄坚强

重庆市教育评估院沈军博士对名师工作室的解读是："名师工作室是以名师为引领，以学科为纽带，由同一领域骨干教师共同组成，集教学、科研、培训等职能于一体的教师合作共同体，既是一个开放性的研修组织，也是一种功能整合的培训模式；旨在搭建中青年教师专业发展平台，加速名优教师成长，促进教师队伍整体素质的提高。"而在名师工作室的建设中，主持人是工作室的主心骨和灵魂，发挥着导向的作用。要提高工作室的效益，发挥工作室的作用，必须加强主持人的建设。

2018年4月，我有幸成为清远市名教师工作室的主持人，庆幸的同时更深感任重而道远。为了不辜负上级领导和学校的信任、成员的期盼，静下心来思考如何开展工作室工作，如何成为一名优秀的工作室主持人是很有必要的。下面是我在主持人成长道路上的所思所行。

一、修身立德

"金无足赤，人无完人"，虽说主持人不是圣人，但也非平常之人，都说教师是人类灵魂的工程师，那么主持人也可算是人类灵魂工程师中的精英。这个精英工程师称号，也蕴藏着比常人要做得更好的密码。人无德不立，主持人一定要加强师德修养，形成自己的人格魅力，以德服人。

1. 立信仰之德

作为名师工作室主持人，对教育要有坚定的信仰。主持人要对工作充满激情和热爱，从敬业、精业到乐业，在工作中彰显自己的人格魅力，绽放自己的教育情怀，从而感染自己身边的团队成员，让团队享受专业成长的幸福、体验到学习和获得成果的快乐，从而乐此不疲。年近花甲的重庆渝中区的王小毅老师堪称活力派主持人，是我们学习的榜样。

2. 立境界之德

作为主持人要给自己一个较高的定位，有专业成长的自信和理想，有自己的专业规划，这样才能带领工作室成长。专业理想是成长的动力，专业规划是成长的保障。主持人要有自己的教育思想，要有自己的文化影响力，要"从职业状态走向专业化境界"。窦桂梅老师说："激情与思想是我永远的追求。"主持人要根据自己和学科特点进行思考，提出自己的教学主张。无锡的凌瑞初主张"把名师工作室建在课堂上"。他认为，课堂是名师的根，只有从课堂中走出的名师，才是真正的名师。李吉林提出"情境教育"教学主张，邹六根提出"骆驼精神"的职教型育人主张……这些优秀的主持人都有自己的教学主张，有自己独有的理念和思想。而我提出什么教学主张呢？我在实践中思考着……

3. 立反思之德

作为主持人，在上优质课、竞赛获奖、教科研业绩等方面虽然已经有一定的建树，但往往到了一定高度，却容易迷失方向，不知所措。要想继续高歌前行，就要善于自我分析，弥补不足。下面是我对自己的分析。

（1）自然情况分析：参加工作近30年了，在企业积累了丰富的机械实践经验，在学校积累了一定的教育教学经验，能够灵活驾驭中职机械专业的教学内容，在学科教学中属于带头人，具备引领和指导年轻教师专业发展的能力。

（2）优势分析：我自2014年起由工作室核心成员到今天的主持人，至今已有6年的工作室建设和管理经验，曾主持完成两个省、市级课题研究，积累了一定的课题研究经验。

（3）劣势分析：身为工科教师，写作意识和能力薄弱，怕写作，怕提炼资料。

只有充分认识自己的不足，才能有的放矢地去弥补不足。是的，名师要耐得住寂寞，用心去反思自己的不足，"别人在享受假期快乐时，或许就是自己奋斗的黄金时间。"名师的思考永远在路上，名师还要不断去书写自己的成功经验，乐于分享，从而带领一大批老师群体成长。深圳的李俊老师说："名师是写出来的"，我是非常认同的，而我也将在"写"这方面作针对性的努力。

4. 立胸襟之德

凡能成大事者，都具有一种不可或缺的优秀品质，那就是能容人所不能容，正所谓"将军额头能跑马，宰相肚里能撑船。"由于团队中成员、学员的目标迥异，有些成员有时会埋怨主持人的要求过高，这时，或许主持人会感到委屈和困惑。因此，作为主持人，也要修炼将军和宰相般的胸襟来包容成员的不理解。同时也应积极通过网络分享自己的教育教学成果，让更多的同行交流学习，共同成长。广州南海中学谢虎成校长说得好："只要不断创新，别人永远超不过你，所以不必害怕分享。"

5. 立慎独之德

作为主持人，应该做到慎独自律，做到教育信念不动摇，工作激情不褪色，道德品质不变味。无论何时何地，有没有领导或旁观者，都要为自己的行为安装好"红绿灯"，划好"斑马线"，用心开展自己的示范引领工作，并潜移默化地正面感染自己的团队。

二、博采众长

名师工作室首先是一个学习的平台、研修的平台。只有博采众长，才能发展自己；只有提升素养，才能强化自己。

俗话说得好"打铁还需自身硬"，这是主持人做好示范的基础和前提。主持人要做好领头雁的角色，首先自己要先硬起来，要硬起来，途径就是加强学习。有感于天津董彦旭老师的家里就有2万多册藏书，他说他对阅读有点依赖症，有时因工作忙，连续几天没空看书就会六神无主、充满失落感。这是何等境界的学习精神。

北师大肖川教授说过："在我看来，学而不厌是诲人不倦的前提、基础和条件。"作为工作室的主持人，只有学而不厌，才能保持内心的开放和鲜活，才会有不断增长的与人分享的内在的需要，也才有做主持人的资格和资本。主持人首先要有专业成长的自觉和自信，在学习中改变自己的行为，不断提高"自培"能力。特别是随着"互联网＋"时代的到来，教师信息素养的提升变得异常重要和迫切，要求我们与时代同步，把学习通平台、解课、微课程纳入教师的培训范畴。主持人要做学习的先行者，不断学习接受新的知识，除了系统地研读教育理论知识外，一定要改变自己的知识结构，学会跳出教育看教育，学习其他领域的知识，让工作思路更加开阔。同时，还要改变学习的方式。在"速食时代"，要学会利用碎片化的时间进行学习，学会用互联网"简约思维"进行"微学习",以最短的时间、最快地学到最新的知识,勤于对"微资料""微信息"进行积累与应用,让自己始终站在学习的前沿,不断成长,这样才能带动工作室成员的专业成长,做引领学习的楷模,做董彦旭老师笔下的"出场就要出色,出手就是高手"。

三、树立目标

作为主持人,要结合个人专业发展和工作室团队成长的需要,科学规划自己的成长目标。我的目标是做全方位成长的名师。

树立终身学习的观念,多读书增强理论底蕴,做个学习型、技能型名师主持人,重视对过程性、体验式的教学研究、实践。用心思考,反思出事物发展的内在规律,总结得失,找出成长的方向,做个反思型名师;专心业务理论学习,不断提升教科研水平,在实践中总结,在总结中实践,做个科研型名师;全心教育,关注教师的专业成长,在创新中构建良好的教研策略,在发展中形成独特的教研风格,做个专家型名师;除了注重自身成长,更要引领团队成长,做个引领型名师。

四、打造团队

名师工作室是成员发展的加油站,那么主持人就是成员成长的引擎。只要主持人保持着积极进取的心,就能让团队永远向前攀爬。我们工作室的成员覆盖全市各山区中职学校,如何让工作室成员由伙伴变成团队,这是主持人要思考的问题。

首先主持人要踏实肯干,事事带头示范和引领,做好作风和行动的典范,成为成员学习的楷模,从而有效提升团队的向心力和凝聚力,最终形成协同发展的合力。当前是二胎时期,大部分成员除了要面对工作的压力,更要承担家庭的压力,如何引导他们合理分配时间是一个有意义的问题。作为主持人,事事应未雨绸缪,及早地制订计划,让成员有时间调剂自己的工作。

其次,主持人要根据成员的专业特长,指导其制定专业成长的路径。并在其成长路上成为他的导师。比如,在论文写作上可在论文选题、架构设计、案例积累上做适时的指导,帮助他们设计自己的学术成长路线,让成员有更多的时间积累式地去完成自己的学术任务。

最后，主持人要不断提升自身的学术水平和创新能力，树立前沿理念。只有真实展开基于教育教学改革创新的热点难点问题探索，才能引领成员专业成长，调动成员的成长积极性，形成可持续的引领力。

五、课题引领

名师工作室是教师的科研园地。作为教师的优秀团队，我们应当具有问题意识，勤于实践，善于反思，敏于发现并提出问题，精于分析问题，巧于解决问题。发现才能明白，发现才能突破，发现才有科研，发现才有成果。当我们深入反思教学，便会发现存在的诸多问题。比如，当我们在企业实践中调查发现了毕业生频繁的跳槽行为，才清醒地认识到我们在平时的教学中缺失了对学生专业思想的培养。而我们发现了问题，才能引出有研究价值的课题。

我们的工作室坚持以问题为导向，以课题为引领，先后立项了"山区县中职数控专业教学改革行动研究"和"山区县中职教师信息技术提升行动研究"等课题，让全体成员投入研究，并让工作室成员各自申报立项了若干小课题，全员参与到课题研究中，在研究中历练成长、超越自己。

以课题为引领，就是让成员在科研氛围中体验、成长。工作室能为成员的科研活动的开展营造良好的氛围，还可以组织进行大范围的全员培训和分层学习。工作室创设有利于教师学习的氛围，让教师在这种氛围的熏陶下，通过自身的体验，达到专业素养的提升，向研究型教师成长。

以课题为引领，就是让教师在科研行动中展示、发展。一切的教育研究成果都要用课堂来展示，让他的效能作用在学生身上，促进教学质量的提升。工作室积极创造条件，开展全体成员挂牌课行动，如名师示范课行动、成员研究试验课、成员研究汇报课、成员成果专题发言等。除了课堂教学展示行动外，教师的科研成果、教学成果也进行展示，教师的优秀教学论文、课题研究报告、教学体会反思等都能通过名师工作室平台展示、分享和交流，以促进教师群体成长。

以课题为引领，就是让成员在科研实践中养成反思的良好研究习惯。工作室为教师的科研实践活动及活动后的反思环节提供机会。通过反思，让教师比较全面地看清所在开展的活动中存在的问题和不足，然后大家一起商榷，寻求改进办法，一起取长补短，积累经验，不断成熟，促进提升和发展。

基于学科建设开展研究活动。纵观各个优秀的名师工作室，都是基于学科建设开展研究活动的。例如，无锡的凌瑞初物理工作室就围绕学校开展的"活动单导学案"，确定工作室的研究项目为"三段式六环节主题学习模式"。结合中职教师的薄弱环节和学科建设需要，我把课题研究的重点定位在"信息技术在学科建设中应用能力的提升"。让教师以研究的方式开展教学工作，将研究意识渗透到日常的教育教学工作中，将教育教学工作中遇到的问题课题化，让教师在研究的状态下工作，构建以课堂或问题为中心的工作室活动模式，提升教师的研究能力和信息素养，着力把工作室构建成学习型的研究共同体，这也非常符合名师工作室建设的理念。

基于学科建设的需要，我们的研究离不开企业这个主阵地。因为无论是学校发展还是教师成长都是为了提升教学质量，让学生有一个好的就业和发展前景。而企业的要求和需求就是我们奋斗的目标，加强教师的企业实践型研究是非常有必要的。我们县具有很强的地域特色——工业园建设，一大批高端企业进驻我县，这为工作室开展企业实践型研究提供了便利，工作室可利用这一优势开展机电专业学科特色建设，让企业成为工作室成长的基地。

六、心态开放

作为名师工作室主持人，既要有"宰相肚里能撑船"的气度和胸怀，更要用自己的行动来塑造自己，我坚信"名师是写出来的，更是做出来的"。名师工作室除了示范引领，更重要的还要做好成果辐射工作。俗话说得好，"独行快，众行远"。作为主持人，要具有网络平台意识和信息意识，除了做好工作室内的成果辐射工作，更要通过互联网与其他工作室共同打造一个互利共赢、协同发展的生态圈。

示范引领要有计划、有目标，紧密联系学科建设、教学改革、教师专业成长、课题研究等需要来开展，如根据教师的专业成长需要，我有计划地开设"信息化竞赛经验分享""微课制作"等专题讲座。为了配合课题研究的开展，开展"课题研究过程性资料的收集""优课解码"解课展示等专题讲座。同步满足成员专业成长的需要。

总之，作为一名名师工作室主持人，必须以高度的敏感性和自觉性，及时发现、研究和解决教育和管理工作中的新情况、新问题，掌握其特点、发现其规律，尽心尽责地做好工作，不辜负上级领导的信任，不辜负广大教师的期待，为从优秀走向卓越而不懈努力。

（2018年9月20日）

如何做一名优秀的工作室助理

佛冈县职业技术学校　招翠娇

2018年我有幸加入了清远市黄坚强机电名教师工作室，并担任工作室助理，这对我来说既是机遇又是挑战，既庆幸工作室给了我成长的平台，又担心自己做不好。在工作室的引领和主持人的帮助下，不知不觉已在工作室快1年了，我在各方面都得到了成长，对工作室助理这份工作有了一定的理解。如何做一名优秀的工作室助理，我认为可以从以下几方面去努力。

一、勤于学习，丰富理论知识

1. 树立终身学习的信念

"要给学生一杯水，教师需有一桶水"，信息时代的教育首先是对教师自身素质的挑战，教师不仅要求学生努力学习，自身也要不断更新知识，提高业务水平，提高自身的修养。特别是职业学校是以就业为导向的，其教育要面向生产、建设、服务第一线，这就要求职校教师不能固守书本知识，要及时调整和更新专业知识，还要求学习和掌握基本的信息技术和技能，并且能够自觉地将它们运用到教学实践活动中，努力使自己的教学跟上时代的步伐，不断更新教育观念，提升自我，借助现代化手段获取学科领域和相关学科领域最新的科技成果及当代科技前沿的最新进展，并将这些内容及时融入教学中，传授给学生，给学生更多的科技发展的新信息、新知识、新方法，提高学生的全面素质。如果不学习，不思进取，总是"老生常谈"，必将被学生嫌弃，被时代抛弃。

2. 广泛阅读，丰富理论知识

古人云："三日不读，便觉语言无味，面目可憎。"读书令人非常优雅、风趣和充实，读书能使人豁达和睿智。工作室为我们提供了更广阔、更有针对性的阅读平台，通过读书丰富自己的教育教学理念，学习别人的思想，让自己的思维活跃起来。在读书的同时还要认真做好读书笔记，撰写读书心得，把书本的东西转化为自己的知识。

3. 网络研修，博采众长

"三人行，必有我师焉。"我经常利用网络获取资源，有空就浏览其他名师的公众号和微博，积极从网络中搜索有用的资料，从中学习他人的经验。我坚信"你有一个苹果，我有一个苹果，互相交换，各自得到一个苹果；你有一种思想，我有一种思想，互相交换，各自得到两种思想"。通过网络研修学习和在工作室的各项培训，博采众长，充实自己的内涵，胸有成竹地开展工作室工作，就如鱼得水了。

二、聚焦课堂，开展教学实践

1. 扎根教学，积极开展课题研究

在平时课堂教育教学中，践行工作室关于信息化课堂的课题研究。在教学中积极探索教学策略，勇于尝试创新，善于发现问题，勤思考总结，不断改进教学方法，形成自己的教学风格，把教学积累的经验，积极撰写为教学论文，深化课题研究内涵。

2. 上好每一次的公开课

在每次的公开课中，工作室都会进行集体的备课、磨课、评课。在精心准备课程的过程中，不停地思考：怎样在教学中融入信息化技术，教学环节怎么设计，采用的教学方法是否达到教学目的，这样做能否突破重难点，微课怎么制作……一场头脑风暴下来，一节公开课才得以顺利开展。再通过课后的自我反思和他人的评课，公开课再次得到升华和完善，教学能力也得到了很好的提升。在工作室这个平台里，每一次的公开课都是一次成长。

3. 积极参加教学比赛

教学竞赛可以促进教学发展，提升教师教学技能，是教师追求进步和超越自我，完善自我的过程体现。参加比赛对自己而言是一次成长的良机，不仅自我能力得到了认可，自信心得到了增强，而且可在比赛中与其他教师进行交流学习，开阔眼界。

三、善于合作，发扬团队精神

1. 带头把自己的事情做好

工作室助理的主要工作是协助主持人全面开展工作室的各项工作，作为核心成员要带好头、做好工作室的工作，给其他成员树立好榜样。分配给自己的任务要按时、主动做好，有时间就去帮助其他成员。

2. 积极沟通，打造一支有亲和力和人性化的团队

作为工作室助理，经常要上传下达，安排工作。安排工作或遇到问题时要积极与成员沟通，为他人着想，与人方便，及时了解他们的工作意愿。兼顾公平的同时，尽量满足成员的特殊情况，实在没办法的时候也相信他们会理解支持。

3. 不怕吃亏，多劳才多得

工作室工作说多不多，说少不少，如果大家都斤斤计较，不愿多做，那这个团队就完了。做一名工作室助理就要带头做好，甘愿做栽树人，能吃亏，肯吃亏，老老实实做人，踏踏实实做事，这样能让团队的工作进展得更快，让成员更积极主动投入工作，自己的能力也能得到提高，何乐而不为呢？

四、帮助他人，分享工作室成果

为充分发挥名师工作室示范引领的作用，平时在学校积极与其他教师进行交流，让他们了解工作室，帮他们解决问题，将在工作室学到的知识，如微课制作、UMU使用、课题资料整理等分享给学校的其他教师，为他们专业的成长提供帮助，让他们切实感受到工作室的好处，支持工作室的工作，也达到了工作室"引领示范，促教师群体成长，促学校健康发展"的工作目标。

五、不断反思，明确努力方向

"只一自反，天下没有不可了之事。"我认为反思是工作室助理一项必备的技能。工作室的工作是忙碌而充实的，是烦琐而细致的，最好的学习就是对过去的反思，最好的教训是曾经历过的失败，只有学会反思才能把工作做得更好，学会了反思，才有努力的方向。

在教学中反思，达到自己的预设目标没有？学生懂了没有？还有哪些地方要改进？在教研中反思，你是否有撰写论文？你有进行课题研究吗？这个课题有研究的价值吗？在工作中反思，完成计划的工作了吗？为什么做不好/做得好？还有哪些地方要改进？……

学会问，才有了答。一问一答间，人已自知，事已成。

六、结语

我相信在名师工作室的引领下，在工作室这个积极向上的团队里，我会走得更好更远。在今后的工作中，我会继续努力学习，严格要求自己，把工作室工作做好，用实际行动，让自己在教学教研上取得更大的进步，努力成为一名优秀的工作室助理！

（2018年9月20日）

如何做一名优秀的工作室成员

连山壮族瑶族自治县职业技术学校　黄时玲

工作室的宗旨是以务实的学科教研为纽带，以先进的教育思想和学科专业思想为指导，以课堂教学研究、课题研究为载体，搭建对话交流与促进成长的服务平台，促进成员专业化的健康发展，增值人生价值，带动所在地区青年教师的成长。我非常荣幸能成为黄坚强机电名教师工作室的一员。

相聚是缘，能与主持人相识，与工作室的各位成员共勉共进是一种缘分。有缘才有分。"缘"在天定，"分"靠人为。相识是缘，共进是分！我格外珍惜这一缘分。进入工作室以来，我在工作室的引领下，学习先进的教育教学理论，学习教研知识，并尝试着将所学的知识应用到教育教学中，积极参加教学能力比赛，并不断地努力，争取早日成为研究型的教师，为成为一名优秀的工作室成员努力着。经过一段时间的努力，我明确了成为一名优秀的工作室成员的方向。

一、学以致用，教学相长

"学然后知不足，教然后知困；知不足然后能自反也，知困然后能自强也。故曰教学相长。"参加工作室以来，多次参加工作室组织的学习活动，在活动中学习了各种先进的教育教学理念、教育教研的途径与方法。例如，学习了翻转课堂、混合式的教学法，加深了项目式教学法、小组合作学习法的认识。并尝试着将这些教育教学方法运用到教学中，在运用这些教学方法的过程中，不断地遇到各种问题，并尝试着解决各个问题。在解决问题的过程中我不断地充实自己，不断地学习新的教育教学知识。在将所学的教育教学知识运用到教学的过程中，在研究解决遇到的教育教学问题的过程中，明确了教研其实就是研究解决自己在教育教学中遇到的问题。并在研究解决问题的过程中锤炼自己的教育教研能力。通过学习并运用先进的教育教学法，不但学生学得从容，学得开心，我也提高了教育教研能力。

在以后的教学中，我将一如既往地坚持学习，坚持将学到的教学理论运用到教学中，用实践检验理论，并达到教学相长的目的。

二、学以致用，以赛促教

实践是检验真理的标准，只有将所学的教育教学理论投入到教学实际中，通过实践的检验才知道所学的教育教学理论是否对教学有促进。因此我尝试着将翻转课堂、混合式的教学法运用到教学中，通过学习平台的使用等信息化手段提升课堂的教学效率。

为了提升自己利用信息化教学手段的能力，我还参加了教学能力大赛的信息化教学设计比赛。参赛过程中，信息化教学改革研究与信息化教学大赛的过程就是一个发现问题与解决问题的过程，对我个人的职业能力提升有很大的帮助，使我在教学方法的选择、教学过程的设计与组织、教学手段的合理运用等方面得到了很大的提升。在参赛的过程中获得了一些感悟：

（1）信息化设计是教师如何利用信息化资源突破教学过程中的重点、难点，而不是资源的简单堆积，不是为了信息化而信息化，要化难为易，使学生容易接受，要提高学生的学习兴趣和学习能力，体现"以生为本"。

（2）课程建设不是靠教师的个人能力就能实现的，需要团队和支持。我们当中的许多教师，特别是年轻的教师在教学模式、教学方法、教学理论等方面还存在许多欠缺，因此在课程开发等技术方面还需要帮助，需要提高整个团队的信息化教学水平。

（3）教学设计要符合实际，其中的教学实施部分要落地，不是凭空想象出来的。例如，教学中由于设备的限制，学生不能同时操作，那么怎么合理安排时间，怎样分组等，我们团队通过反复的实践，最终找到了较佳的教学方法。

（4）在参赛的过程中，从人才培养方案、课程标准的制定到教材的规范选用都有了系统的认识，发现了教师乃至学校的教育教学中存在的各种不足之处，对整个专业的设置有了全新的认识，为今后规范专业设置提供了依据。

过程重于结果，经历是一笔宝贵的财富。希望在新一轮的教改实践中，我们除了进一步完善信息化手段、注重碎片化学习之外，力图加强教学数据采集，尝试进行学习行为分析，利用信息化技术建立有助于自主、个性化的学习体系。

三、投身教研，做研究型的教师

以前我认为，做研究是专家们的事情，在思想上没有足够的认识。进入工作室以来，我学到了很多知识，受益匪浅，使我更加了解了课程改革的背景和意义，什么是研究型教师，教师如何做研究，还有如何写研究报告，等等。我逐渐认识到课程改革要求我们教师要成为一名研究者，成为一名研究型教师，只有研究型教师才能胜任教育的改革和创新。

当今时代，新知识层出不穷，知识更新周期不断缩短，每个人都要加强学习、终身学习。新课程的实施，更是对教师的学习提出了更高的要求。实施新课程尤其需要学习先进的教育教学理论，确立符合素质教育要求的教学观和人才观；注意学习有关研究的一般方法的理论书籍，从而能够适应组织学生进行研究性学习的需要。教师从根本上确立终身学习的意识，做一个终身学习者，是教师专业化、自主成长和提升自己人生质量的重要前提。

要成为一名研究型教师，就要不断地进行教育教学的反思，只要坚持就一定能够成功。教师要做一个善于研究的人，善于反思的人。经常反思自己教育教学实践中的问题，研究自己感到困惑的问题。养成对自己的教学与教育活动进行评价与反思的习惯，这是教师进行教育科研的基点。可以通过教学日记与教育笔记较好地记录下教育反思的成果。

作为一线教师，我们进行教育研究时应侧重从行动研究着手。应立足于在日常的教育教学实践中积累大量的教学反思笔记，汇总一系列教育教学案例，并且在此基础上形成自己对教育教学实践的感悟，在实践中始终思考如何使自己的教育教学变得更贴近学生发展的实际需求，更接近新课程改革的要求。教师的行动研究把自己的教育教学活动作为研究对象，能够持续不断地对教育和教学行为进行及时的反思，从而汇总自己的教育智慧，提升自己的教育教学水平。

教师研究的问题产生于实际的工作情境之中，并且研究的过程也是从实际情境出发，根据实际情境的需要，随时检讨，不断进行修正。行动研究同时也是教师对自身实践所进行的有意识的、系统的、持续不断的探究反思，它在突出教师实践的"研究"特征的同时，也突出了教师作为研究者的角色。整个研究过程中自始至终都贯穿着对教师自我反思的要求。这种自我反思，对于教师个人而言，是一种学习过程，对于教育实践而言，是找到针对即时情境问题的解决方案的有效途径。

教师是行动研究的主要研究者，研究的对象是日常遇到的亟待解决的实践问题，研究的目的在于透过科学方法的应用，以解决课堂内的问题。因此，研究的过程中必然主动容纳和利用各种有利于解决实际问题、提高行动质量的经验、知识、方法、技术和理论，特别重视实际工作者对实践问题的认识、感受和经验，行动研究实质上也是研究过程和行动过程的统一体。

教师研究的问题来自教学实际。教育教学研究主要围绕自己的实际工作中存在的问题展开，问题的来源从教育教学的疑难中寻找问题；从具体的教育教学场景中捕捉问题；从阅读交流中发现问题；从学校或学科发展中确定问题。

教师研究的基本程序是从计划到反思，教育教学研究活动的实施经历计划、行动、观察、反思几个步骤。首先，对活动进行有意识的设计、设想或打算，有意识地将行为纳入研究的框架，持续不断地贯穿于教育教学活动的始终；其次，在行动研究时不断反思与积累，形成对问题的新的认识，也难免会有新的因素介入研究、从而影响原有计划的达成，行动研究时随着教育情境的变化和认识的加深，行动也在不断地调整；再次，应注重收集行动研究过程相关的资料，以备后续的反思、改进之用；最后，应对计划、行动、观察进行分析和思考，全面系统地描述整个研究过程，进行理智的判断和评价，从而为下一阶段的行动提供科学合理的研究方向。

总之，通过学习，我意识到只有研究型的教师才能胜任教育的改革和创新。当然要成为一名合格的研究型教师，对我来说任重而道远。我将把参加名师工作室当作一次提升自己教育教学研究水平的契机，努力提高自己各方面的素养，在成为研究型教师的道路上不断探索，不断前进。

（2018年10月20日）

我的职教梦
——不忘初心，奋力前行

佛冈县职业技术学校　范方初

时光荏苒，岁月如梭。转眼间，我已在佛冈职校工作10年。在这10年的进程中，我不断学习，进步，为当初进入教育行业所立下的誓言奋力前行。"教育大计，教师为本。"建设教育强国，离不开"有理想信念、有道德情操、有扎实学识、有仁爱之心"的好老师。我坚持以习近平总书记倡导的"四有"好老师标准严格要求自己，办人民满意的教育，做学生喜欢的教师。

入职职校的初期阶段，我的努力方向是如何让自己站稳讲台，不断丰富自己的知识和技能，以及如何教学生，如何做一名深受学生喜欢的老师。但从去年加入了我校的"清远市黄坚强机电名师工作室"后，我又有了新的前进方向。

一、加入工作室后，教育思想得到升华

一名教师的成长，固然需要教师自身的努力，但是，在成长过程中如果有名师的指导、点拨，那么他成长的速度会更快，成为优秀教师的概率会更高。在2018年我有幸加入黄坚强名师工作室，可以更直接地接受名师的教诲，可以更方便地向名师请教，体会名师思考、解决问题的思维方式，处理教育事件的技巧和方法，更重要的是感受名师热爱教育的奉献精神和敬业精神。榜样的力量是无穷的，这将对我教育理念的更新、教学态度的转变，都有促进作用。

在名师工作室的推动下，我努力学习，提高思想认识，完成工作室的各项任务。同时遵守工作室的规定和要求，服从统一的安排，虚心学习，大胆实践，及时总结，不断反思，不断提升自我，超越自我。加入名师工作室，我积极主动地学以致用，理论联系实际，把师德师风、业务素质、教学艺术作为自

己努力的方向，把学习、应用、提高作为终身的目标。深入思考、努力钻研，做到边学、边思、边用，力求以学促用，学有所获，学有所成，努力成为教学一线的"领头雁"。

作为成长期的年轻教师，拥有名师工作室提供的得天独厚的优越的培养条件，没有理由不去认真的学习！我充分利用领导搭建的研修平台，向"做实事、做正事、做真人，与时俱进；有思想、有修养、有成就，德艺双馨"的方向稳步发展。我相信，只要我勤奋，再勤奋一些，努力，再努力一些，就会在教育教学中取得可喜的成绩，为我校的教育发展锦上添花！

二、在工作室的栽培下，教育教学取得成就

在工作室指导下，我不断努力前进，并取得了一定的成就，包括在指导学生竞赛、参加教师教学能力大赛、主持校级小课题等方面都有一定的收获。千里之行，始于足下，任何一项收获和成功都缺少不了辛劳和汗水。

在指导学生参加清远市技能竞赛中，从最初的备战竞赛到实际参赛整个过程，我学到了很多东西，也走了弯路，取得了一些经验，也发现了一些不足之处。例如，在挑选选手时，要给参赛的学生谈心，向学生讲述参加竞赛可以帮助他们提升技能水平，增加实战经验，通过谈心，帮助学生树立信心，产生动力，在后续的训练过程中，没有一个学生偷懒，这与初期的心理疏导分不开。但不同的学生有不同的特点，不能在训练的过程中，死板的采用同一种方式来对待。有的学生性格内向，对自己缺乏自信，在训练的过程中，多鼓励，而且要让学生知道自己和实战案例之间距离并不遥远。有的学生眼高手低，在训练中不踏实，需要指导完需要调整的地方后，持续关注学生是否可以达到预期效果。要让学生紧张起来，必须老师先紧张。在培训期间，学生和指导教师放弃很多休息时间，甚至有时候到了吃饭时间也会坐在一起讨论一些技术问题的解决方法，始终营造了一种非常浓厚的赛前训练氛围。

通过这次竞赛，使我认识到：第一，必须对自己的工作充满责任感，凡事不做则已，要做就尽心尽力；第二，注意团队建设，加强团队凝聚力，出现问题要及时沟通；第三，积极主动的工作，不计较个人付出；第四，凡事做好充分的准备。在比赛中，我们的学生取得第三四名，通过这次比赛和学生的相处，我明白了作为一名教师职责的所在，让我在以后的工作中更加努力，更加

关爱学生。学生在比赛的过程中也收获了信心，动手能力也得到了提高，培养了许多优良品质，对于学生的成长来说这才是最重要的。

我主持的校级小课题于今年3月已顺利结题，其中经历了很多辛酸，同时自己也积累了很多有用的经验。

课题研究是辛苦的，不但需要做大量的调查、分析、研究、总结，还要进行课题资料整理、报告撰写等。但当我们把上面所有的工作完成及课题结题后，我们也会发现自己在教育教学以及课题研究方面取得了很大的进步。教师的成长离不开教育教学的研究，名师更是如此。要想实现教师梦、名师梦、中国梦，我们应该做到不怕苦不怕累。

三、需要提高的方面

为了使自己能够再上一个台阶，让自己的业务水平更加成熟，结合工作室的理念，我将在今后的工作中，从以下几个方面努力提高。

1. 思想目标

首先加强师德师风的修养，形成高尚的人格，有一颗进取的心。要热爱学生，对学生有博爱之心，要以诚相待，要宽容和有强烈的责任感。热爱教育事业，热爱教育，尽心尽责，教书育人。与家长建立良好的家校关系，并努力做到学生在校开心，家长放心。

2. 职业道德目标

为人师表最重要的就是要有良好的道德品质，积极向上的精神和坚韧不拔的毅力。在这方面我要严格要求自己，从每一件小事做起，培养爱岗敬业，为人师表和全身心投入教育事业的精神，提高自己的职业道德素质。

善于思考，在实践中探求，感悟。要坚持用脑子工作，力争做到：

反思昨天—在反思中扬长；审视今天—在审视中甄别；前瞻明天—在前瞻中创新。时刻把工作与思考相结合，在思考中工作，在工作中思考，创造性地开展工作。

3. 潜心钻研，打造个性课堂

（1）树立强烈的目标意识，认真学习、研究课程和教学大纲，明确本学段学习内容以及知识、技能、能力等方面的要求，并有机分解到每一个项目、每一个课时，落实到每一个学生身上。

（2）认真上课，注重课堂教学的有效性。认真对待自己的每一堂课，每一堂课争取有一个亮点，要逐渐完成从一个合格型教师向特长型教师的转变。提高40分钟的教学效率。

（3）认真研究训练。按照教育学、心理学的基本原理，科学地、有针对性地安排有效的训练，每次训练及时反馈、讲评。同时，认真拟定辅导学生计划，使学习有困难的学生在原有水平上得到提高。

（4）积极组织开展各类课内外活动。认真地、切合实际地评价学生。

（5）在班级中，努力营造尊重、赞赏、宽容的师生关系，加强师生的对话交流，形成个性的教育艺术。

4. 勤于反思，促进自我完善

（1）"想大问题，做小事情。"学会思考教育问题，积极把先进的教育理念转化为自己的教育行为，从反思中提升教学研究水平。

（2）对每堂课的成败及时地进行反思，是对自身教学工作的检查与评定，及时总结经验教训。

（3）经常反思自己做人、做事中的不足，一步一个脚印，踏踏实实。

（4）争取每学期撰写教育随笔。撰写或发表有质量的教学论文。

新时代人民教师的光辉形象，集中体现了最美教师的良好职业道德规范，确实值得广大教师学习。作为班主任，他们爱生如子，无私关爱学生；作为一名教师，他们立足本职岗位，刻苦钻研，追求课堂教学质量和效益；作为子女，他们孝老爱亲，以自身的良好言行传承中华民族的传统美德。他们的优秀事迹给我树立了榜样，让我知道了自己的差距，明确了专业发展方向，确立了新的发展目标。"路漫漫其修远兮，吾将上下而求索！"在以后的工作中，我还将继续努力，及时领悟教育教学的精神，把在日常的学习中吸取的经验与时共享。我将加倍努力，勤奋学习，认真完成学校的各项学习、研究任务，互相合作，共同提高。

我将让自己的教师梦与职教梦、教育强国梦紧密结合起来，为到21世纪中叶全面建成富强民主文明和谐美丽的社会主义现代化强国做出自己的贡献。

（2018年10月20日）